Aus dem GARTEN EDEN

ALTE GEMÜSESORTEN NEU ENTDECKT

Aus dem GARTEN EDEN

ALTE GEMÜSESORTEN NEU ENTDECKT

TEXT

Fred Neuner

ILLUSTRATIONEN

Michaela Haager

EDITION GRÜNE ERDE  IM VERLAG CHRISTIAN BRANDSTÄTTER

Die deutsche Bibliothek – CIP-Einheitsaufnahme
Aus dem Garten Eden: Alte Gemüsesorten neu entdeckt /
Fred Neuner. Mit Ill. von Michaela Haager. – 1. Aufl. – Wien; München: Brandstätter,
2000 (Edition Grüne Erde)
ISBN 3-85498-047-7

1. Auflage 2000

Die graphische Gestaltung des Werkes sowie der Entwurf
des Schutzumschlages stammen von Michaela Haager.
Das Lektorat besorgte Bernhard Emerschitz.
Lithos: Krammer-Repro Linz
Druck und Bindung: Obersteirische Druckerei

Edition Grüne Erde
A-4644 Scharnstein, Hauptstraße 9
Telefon (+43-76 15) 20 34 10
Fax (+43-76 15/7707

D-84353 Simbach/Inn, Innstraße 51
Telefon (+49-85 71) 91 0 30
Fax (+49-85 71) 63 83

INHALT

VORWORT

Was ist Gemüse?

Lange habe ich nach einem ersten, wirklich treffenden Satz für dieses Buch gesucht. Zum Beispiel: Gemüse ist das Größte auf der Welt. Oder: Gemüse ist Leben. Mittlerweile – das Vorwort schreibt man meist zum Schluß – weiß ich: Gemüse ist Gemüse. Punkt. Der Mensch lebt schließlich auch von Teigwaren, von Fisch und Fleisch und Milchprodukten und Brot. Aber, und diese Erkenntnis ist so einfach, daß sie mich überrascht hat: Am Ursprung aller Nahrung steht die Pflanze. Denn woraus sind Teigwaren und Brot? Aus Mehl, und das wird aus Pflanzen gewonnen. Oder: Was fressen die Tiere, deren Milch wir verarbeiten oder deren Fleisch wir essen? Pflanzen!

Die Philosophie der alten Landsorten

Mein Großvater war Gemüsesaatgut-Produzent auf einem großen Gut in Niederösterreich. Leider konnte ich ihn weder bei seiner Arbeit beobachten noch redete ich je mit ihm darüber, denn welches Kind interessiert sich

schon für Saatgut?

Seit der aktiven Zeit meines Großvaters hat sich einiges verändert in der Gemüsezucht. Einerseits kam es zu einer Verarmung der Sorten, andererseits zu einer amtlichen Einteilung der noch vorhandenen Sorten. Jeder kennt die berühmt gewordene EU-Verordnung über den erlaubten Krümmungsradius einer Salatgurke. Die Folge dieses Vereinheitlichungswahns: die Verarmung der Sortenvielfalt. In Österreich zum Beispiel beherrschen nur zwei Weizensorten über 80 % der Anbaufläche, wie der „Lebensmittelreport" verrät. Über 90 % der Gemüsesamen werden heute importiert! Wir sind auf dem Weg zum europaweiten Einheitsgemüse, das von offizieller Seite gefördert wird – nicht immer zum Wohl der Konsumenten.

Jedenfalls muß man über die Gerechtigkeit von Gesetzen nachdenken, die wider alle Zusagen der Gesetzgeber wenig gegen gentechnologisch veränderte Lebensmittel ausrichten, Gesetze, die gleichzeitig Biobauern, die mit nicht zugelassenen Saatgutsorten handeln, mit hohen Geldstrafen belegen.

All diese Entwicklungen der letzten Jahre haben zu einer massiven Gegenbewegung geführt: Immer mehr Menschen kaufen nur biologisch angebautes Gemüse, und immer mehr Menschen wollen ihr Gemüse selbst anbauen. Dabei wird sehr gerne auf „alte", seltene Gemüsesorten zurückgegriffen.

Der Begriff „alte" oder „vergessene" Gemüsesorten ist weder wissenschaftlich noch sehr präzise. Auch Sorten, die zum Beispiel aus der „neuen Welt" Amerika gekommen sind (Kürbis, Kartoffel, Tomate ...), können alte Sorten sein. Oft wird also eher von „Landsorten" die Rede sein. Das sind Sorten, die seit langem in einem bestimmten Gebiet kultiviert werden.

Wir haben in diesem Buch nicht den Ehrgeiz, alle „alten Landsorten" vorzustellen. Das würde nicht nur den Rahmen des Buches, sondern auch den unseres Wissens bei weitem sprengen. Wir versuchen, einige Gemüsesorten, egal, ob sie seit einigen Jahrhunderten oder erst seit einigen Jahrzehnten nachgewiesen werden können, vorzustellen. Unsere Auswahl richtete sich nach völlig subjektiven Kriterien, sprich: Wir haben jene Gemüsesorten ausgewählt, mit denen wir selbst gute Erfahrungen gemacht haben, solche, die im allgemeinen gut gedeihen und die, aus welchem Grund auch immer, in Vergessenheit zu geraten drohen. Wir wollen unseren kleinen Beitrag dazu leisten, alte, schöne, wohlschmeckende Gemüsesorten wieder zu verbreiten. In diesem Buch möchten wir zeigen, wie auch jene Menschen, die nur über einen Balkon verfügen, eigenes, frisches Gemüse ernten können. Wir wollen dem Trend zum Einheitsgemüse etwas entgegensetzen – zum Beispiel ein paar Gemüsesamen ...

Damit hoffen wir, auch einen Beitrag zur Erhaltung der Vielfalt der Pflanzen leisten zu können, einen Beitrag dazu, daß auch unsere Kinder noch krumme Gurken, knackige Salate oder selbstgeerntete, sonnengereifte Tomaten genießen können!

Auf das Gefühl verlassen

Gemüse und Salate sehen in jedem Garten und auf jedem Balkon gut aus, und außerdem bereichern sie unsere Küche. Wir sind davon überzeugt, daß jeder gerne Gemüse und Salat ißt – es kommt nur auf die Zubereitung an! Wir haben diesem Buch viele Kochrezepte hinzugefügt, um eine kleine Idee davon zu vermitteln, was man alles mit Gemüse und Salaten machen kann. Denn oft hört man Sätze wie: Ich mag zwar Salat nicht – aber er ist ja so gesund, und deshalb esse ich ihn! Oder man sieht Menschen verbittert an irgendwelchen Karotten herumnagen oder verzweifelt riesige Rohkostplatten vertilgen, auch wenn sie ihnen oft im Magen liegen oder Verdauungsprobleme bescheren.

Am besten ist, man vergißt alles, was man an Meldungen über „gesundes" und „ungesundes" Essen liest. Die Meinungen und Moden wechseln ohnehin zu schnell. Während Butter zum Beispiel noch vor wenigen Jahren als „Killerfett" bezeichnet wurde, und eine ganze Generation sich bei Margarine kasteite, ist man heute der Ansicht, daß Margarine ein Mitverursacher von Herzinfarkt sein könnte, weshalb die Butter wieder propagiert wird. So ähnlich ist es mit der Rohkost: In England landeten Rohkostfanatiker im Spital, weil sie in ihrem Gesundheitswahn Bohnen im giftigen Rohzustand gegessen hatten. So weit führte der Kult um „Vitamine" und „Spurenelemente" daß man beim Verzehr von Gekochtem oder Gedünstetem als eine Art Todeskandidat mitleidig angesehen wurde. Mittlerweile weiß man es schon wieder besser: Laut einer Studie des Instituts für Lebensmittelforschung in Norwich ist gekochtes Gemüse gesünder als rohes. Egal ob gedünstet, gebraten, blanchiert oder püriert: Der Kochvorgang bewirkt, daß die Zellwände des Gemüses „aufgeweicht" und die Nährstoffe für den Körper besser „zugänglich" werden.

Wie man sieht: Wenn man sich nicht zum Spielball der öffentlichen Meinung machen läßt, sondern auf sein Gefühl verläßt, dann lebt man nicht nur besser, sondern oft auch „gesünder"!

Nur die ganze Pflanze

Eine Pflanze hat bis zu 30.000 verschiedene Inhaltsstoffe, und nur ein ganz kleiner Teil davon ist erforscht. Predigten Gesundheitsapostel früher vor allem die Wichtigkeit von Vitaminen, Mineralien und Spurenelementen, so ist heute auf den einschlägigen Zeitungsseiten oft von „sekundären Pflanzeninhaltsstoffen" die Rede: Flavonoide, Phenolsäuren, Sulfide, Saponine oder Glucosinate schützten laut neuester Forschungsmeinung gegen Krebs und andere Krankheiten.

Zunehmend setzt sich allerdings die Meinung durch, daß man gar nicht so genau weiß, welche der vielen tausend Inhaltsstoffe einer Pflanze nun eigentlich die gesundheitsfördernde Wirkung ausmachen. Vor allem das Zusammenspiel aller Inhaltsstoffe, so meinen viele Forscher, sei das Entscheidende. Wobei es merkwürdig scheint, von „Inhaltsstoffen" überhaupt zu reden. Pflanzen, das wird in unserer Warenwelt so gerne vergessen, sind Lebewesen, und sie tragen auch dann noch Leben in sich, wenn sie geerntet und gekocht sind. Man könnte also durchaus davon ausgehen, daß es die „Pflanzenseele" ist, die ihre wohltuenden Eigenschaften an Mensch und Tier weitergibt.

Menschen brauchen Pflanzen

All der technische Firlefanz, den wir einsetzen, kann nicht vergessen machen, daß wir Menschen von diesen erstaunlichen Lebewesen, den Pflanzen, abhängig sind. Das Wort „Symbiose" drängt sich zwar auf, ist aber insofern falsch, als die Pflanzen sehr gut ohne uns leben könnten, was umgekehrt nicht der Fall ist. Und, von der Basis allen Lebens einmal abgesehen: Was wäre unser Speiseplan ohne Pflanzen? Was ein Stück Rindfleisch ohne Schnittlauchsauce oder Grüne Sauce? Was ein Sommer ohne Salat? Was Spaghetti ohne Tomaten? Fazit: Gemüse ist Gemüse.

Aber irgendwie ist Gemüse auch Leben.

KÜRBISSE

DIE KÖNIGE DES GARTENS

ZIERKÜRBISSE

FAMILIE DER CUCURBITACEEN
NICHT ESSBAR

Die Zierde jedes Gartens sind Kürbisse in jedem Fall. Denn auch die Speisekürbisse bringen Formen und Farben hervor, die einen staunen lassen. Manchmal staunt man auch über die Größe, denn einige Cucurbita maxima-Sorten können ein Gewicht von 150 Kilogramm erreichen, was weder für den Gartenboden noch für Ernte und Verarbeitung von Vorteil ist ... Neben den Dutzenden Sorten von Speisekürbissen gibt es aber auch Kürbisse, die ausschließlich der Zierde dienen. Sie gehören meist der Gattung „Cucurbita lagenaria" oder „Cucurbita pepo" an. Während die meisten Speisesorten aus der „neuen Welt" stammen, wo sie von den Indios bereits seit Tausenden von Jahren kultiviert wurden, gehören die Zierkürbisse oft der eurasischen Sorte der Kürbisse an, die bereits von Plinius erwähnt werden und die, wenn schon nicht im Garten Eden, so zumindest in den Gärten von Babylon gediehen.

Manche finden Zierkürbisse kitschig – aber die meisten freuen sich über die drolligen Früchte, die den Garten ebenso verschönern wie – nach der Ernte – ein Fensterbrett oder die Vorzimmerkommode.

Es existieren viele schöne Varianten von Zierkürbissen. Wenn man bei Bauern anklopft oder sich an Institutionen wendet, die auf altes Saatgut spezialisiert sind, dann bekommt man mit ein bißchen Glück eine kleine Samentüte. Im Herbst kann man sich dann davon überraschen lassen, welche Varianten man in seinem Garten vorfindet: Flaschenkürbis, Amphorenkürbis, Tellerkürbis, Keulenkürbis, Kalebassenkürbis ...

Die meisten Zierkürbisse sind von Natur aus trocken und nahezu unbegrenzt haltbar.

1) AUSSAAT: im Mai direkt ins oder an den Rand des Gemüsebeets. 2) BODEN: Kürbisse lieben im allgemeinen lockere, tiefe, kompostreiche Boden. 3) KLIMA: Zierkürbisse sollten vor zuviel Nässe und zuviel Trockenheit geschützt werden. 4) PFLEGE: gut bewässern und immer wieder nachdüngen, am besten mit guter Komposterde. 5) ERNTE: Sobald einem der Kürbis gefällt, wird er geerntet, wobei man ca. 5 cm des Stiels an der Frucht lassen sollte. 6) LAGERUNG: trocken nahezu unbegrenzt haltbar.

Kürbisschnitzen

Eigentlich machen wir es nur wegen der Kinder. Aber ganz ehrlich gesagt beginnt es uns dann auch solchen Spaß zu machen, daß wir gar nicht mehr aufhören wollen ...

Es gibt echte Meister in der uralten Kunst des „Kürbisschnitzens", aber auch ohne große Begabung ist es möglich, schöne Effekte zu erzielen.

Besonders gut kommen diese zur Geltung, wenn man ein Teelicht in den ausgehöhlten Kürbis stellt und ihn von innen beleuchtet. Berühmt sind vor allem die „Gesichter" der „Jack O'Lantern"-Kürbisse, die bei keinem amerikanischen Erntedankfest (Halloween) fehlen dürfen.

Alles, was man zum Kürbisschnitzen braucht, sind: ein Küchenmesser; einen großen Löffel oder einen Eisportionierer zum Aushöhlen; einen abwaschbaren Filzstift zum Aufzeichnen der Muster und Figuren; einen Handbohrer für runde Formen; ein scharfes Messer (Cutter) zum Schneiden der feinen Linien – und ein bißchen Geduld.

Es empfiehlt sich, mit einfachen Mustern zu beginnen: Zickzackfiguren oder auch Wellenlinien verleihen jedem Kürbis ein interessantes Aussehen. Auch wenn die Haut nur leicht eingeritzt wird, bringt das Teelicht die Muster schön zur Geltung.

Man kann auch mit jungen Kürbissen im Gemüsegarten experimentieren: Wenn man deren Haut leicht einritzt, wachsen die Muster mit – lassen wir uns davon überraschen, was die Natur bei weiterem Wachstum aus unserem „Vorschlag" macht!

Eine vergängliche Kunst

Das Kürbisschnitzen kann auch mit dem kulinarischen Verarbeiten der Frucht verbunden werden. Daß sich die eßbaren Kürbisse wegen ihres weicheren Fleisches besser zum Schnitzen eignen, hat aber auch einen Nachteil: Viel länger als eine Woche halten die Kunstwerke nicht. Es sind eher „Kürbis-Mandalas", geschaffen für den Augenblick. Aber vielleicht macht sie gerade das so schön.

GELBER SQUASH

CUCURBITA PEPO
UFO-KÜRBIS

Es gibt so viele Arten von Kürbissen (über 800!), daß man diesem Gemüse aus dem Garten Eden auf wenigen Seiten kaum gerecht werden kann. Kürbisse galten lange Zeit als „plumpes", ziemlich „gewöhnliches" Gemüse, unwürdig, einen Platz auf dem Speiseplan „besserer Leute" zu bekommen. Doch mittlerweile hat ein wahrer Kürbis-Boom eingesetzt. Man hat nicht nur entdeckt, daß der Kürbis extrem kalorienarm und dabei reich an Nährstoffen (Vitamine, Folsäure, Kalzium, Carotin ...) ist. Auch seine geschmacklichen Vorteile werden immer mehr geschätzt – wobei Kürbis nicht gleich Kürbis ist. Jede der unzähligen Varianten verfügt über ein eigenes Aroma: Der hübsch getupfte Siam-Kürbis eignet sich zum Beispiel am besten für feine Kürbis-Marmeladen; der gerippte, dicke, peruanische Kürbis bietet sich zum Gratinieren an; der elegant gestreifte Pepita-Kürbis kann roh mariniert als Salat genossen werden.

Unser gelber Squash stammt aus der Familie der Ufo-Kürbisse. Er wird weniger galaktisch-neumodisch auch Patisson oder Bischofsmütze genannt. Ufo-Kürbisse gibt es auch in grüner und weißer Farbe. Das Wort „Squash" stammt – wie auch die meisten Kürbisse – aus dem indianischen Kulturraum und bedeutet „ungekocht". Die Indianer Mittel- und Südamerikas verehrten den Kürbis als „Göttergeschenk" und priesen seine große Fruchtbarkeit.

Der gelbe Squash hat ein zartes Fruchtfleisch und ein feines Muskat-Aroma, weshalb er sich gut für die Zubereitung von Kürbiscremesuppen eignet (siehe Rezept). Junge Exemplare kann man aber auch mit der Schale im ganzen in Butter dünsten – eine delikate und hübsch aussehende Zuspeise!

1) AUSSAAT: im April oder Mai in kleinen Töpfen; die dreiblättrigen, kleinen Pflanzen werden nach dem letzten Frost (bzw. nach den Eisheiligen) mit 0,5-1 Meter Abstand ausgepflanzt. 2) BODEN: Kürbisse lieben im allgemeinen lockere, tiefe, kompostreiche Böden. 3) KLIMA: Der Squash-Kürbis ist nicht sehr empfindlich, sollte aber vor allem in der Anfangszeit vor zuviel Nässe und zuviel Trockenheit geschützt werden. 4) PFLEGE: gut bewässern und immer wieder nachdüngen, am besten mit guter Komposterde. 5) ERNTE: ganz junge Früchte nach 4-6 Wochen, sonst bis zum ersten Frost. 6) LAGERUNG: kühl und trocken bis zu zwei Monaten haltbar. Nachreifung möglich.

Kürbiscremesuppe

Was kann man nicht alles mit Kürbissen machen! Man kann sie gratinieren, sie in Teigtaschen füllen, im Risotto verarbeiten, ihre Blüten füllen (mit Hühnerfarce oder Lammhackfleisch), ihre Kerne knabbern, ihr Öl genießen, man kann ein Kürbis-Orangen-Chutney oder eine Kürbis-Apfel-Marmelade aus ihnen zaubern. An Halloween, dem Tag der bösen Geister und des Erntedanks, machen die Amerikaner nicht nur Kürbislaternen, sondern auch ‚Pumpkin Pie' aus den orangeroten ‚Jack O'Lantern'- Früchten.
Junge Squash-Kürbisse können mit der Schale verarbeitet werden. Größere Früchte muß man schälen und von den Kernen befreien.

Zubereitung

Die Kürbisse je nach Größe ganz verwenden oder schälen, entkernen und in würfelige Stücke schneiden. Den Porree in etwas Butter gemeinsam mit Wurzelwerk und Kürbis in einem großen Topf etwa 20 Minuten lang dünsten lassen. Zuckern. Mit dem Wein ablöschen und mit Wasser aufgießen. Das Ganze noch etwa 15 Minuten köcheln lassen.
Lauwarm unter Hinzufügung von Rahm und Sahne im Mixer oder mit dem Stabmixer pürieren.
Salzen und die frisch gemahlenen oder gestoßenen Pfeffer- und Korianderkörner hinzufügen, eventuell auch eine Prise Muskat. Beim Servieren eventuell noch mit gehackter Petersilie oder mit einigen Blättern frischen Korianders verzieren.

Wer steirisches Kürbiskernöl liebt, kann die fertige Suppe auch mit ein paar Tropfen des „schwarzen Goldes" beträufeln und mit gerösteten Kürbiskernen bestreuen.

ZUTATEN

6-8 PERSONEN

1 kg Kürbis
1 Stange Porree
1 Bund Wurzelwerk
3 EL Butter
7 Pfefferkörner
7 Korianderkörner
Salz
1 TL Zucker
eventuell Prise Muskat
1/8 Liter Weißwein
1 1/2-2 Liter Wasser bzw. Suppe
1/8 Liter Sahne
1/8 Liter Rahm
1 EL gehackte, frische Petersilie oder
1 EL gehackter, frischer Koriander
bzw. wahlweise Kürbiskerne, geröstet und Kürbiskernöl

Besonders gut schmeckt
diese Suppe an einem mit
Zierkürbissen oder
Kürbislaternen geschmück-
ten Tisch.

Kürbis-Risotto

Risotto ist eines der beliebtesten italienischen Gerichte. Vor allem im Piemont und in der Lombardei, wo auch der typische Risotto-Reis angebaut wird, ißt man Risotto öfter als Teigwaren. Alleine in der Po-Ebene wächst soviel Reis, daß Italien zu den Reis-Exportländern zählt! Die gängigsten italienischen Reissorten heißen Vialone, Arborio und Carnaroli. Eine dieser drei Sorten sollte man für das Kürbis-Risotto verwenden. Denn nur der weitgehend naturbelassene Risotto-Reis mit dem Silberhäutchen garantiert die typisch cremige und dabei doch kernige Konsistenz.

Zubereitung

Den Squash-Kürbis schälen, halbieren und die Kerne entfernen. Junge Früchte kann man ganz mit Schale verwenden! Das Kürbisfleisch in etwa 1x1 Zentimeter große Würfel schneiden. In einem großen, hohen Topf (Risotto „blubbert" ziemlich stark) zwei Eßlöffel Butter zerschmelzen lassen. Zwiebel und Knoblauch schälen, fein schneiden und in der Butter glasig werden lassen - nicht anrösten! Nun den Reis hinzufügen und alles gut durchmischen, bis jedes Reiskorn gefettet ist. Nun den Weißwein sowie den Safran hinzufügen und unter ständigem Rühren bei kleiner Hitze so lange köcheln lassen, bis die Flüssigkeit verdampft ist. Danach die Kürbisstücke hinzufügen und nach und nach mit der Hühnerbrühe aufgießen. Ständig rühren und warten, bis die Flüssigkeit verdampft ist, dann wieder nachgießen usw. Man braucht etwa 20 Minuten sowie einen halben Liter Hühnerbrühe, manchmal auch mehr, bis das Risotto die gewünschte Konsistenz erreicht – cremig, mit kernigen Reiskörnern.

Wenn es soweit ist, den Topf von der Herdplatte nehmen, zwei weitere Eßlöffel Butter sowie die Hälfte des Parmesans hinzufügen. Gut durchmischen. Salzen, pfeffern, auf Tellern anrichten, mit dem restlichen Parmesan bestreuen und heiß servieren.

ZUTATEN

4 PERSONEN

500 g Kürbisfleisch
300 g Risotto-Reis
1 Zwiebel
2 Knoblauchzehen
1/4 Liter Weißwein
ca. 1/2 Liter Hühnerbrühe
4 EL Butter
Prise Safran
Salz
Pfeffer
100 g frisch geriebener Parmesan

Kürbis-Gratin

Dies ist ein wenig arbeitsaufwendiges Rezept. Man kann das Kürbis-Gratin als Hauptspeise essen. Es paßt aber auch sehr gut als Beilage zu allen möglichen Fleischspeisen wie Schweine- oder Lammbraten oder zu gebratenen Koteletts.

Zubereitung

Die Kartoffeln in gesalzenem Wasser etwa 15 Minuten köcheln lassen. Sie müssen nicht ganz durch sein! Danach Wasser abseihen, die Kartoffeln mit kaltem Wasser abschrecken und auskühlen lassen.

Den Squash-Kürbis je nach Größe schälen und entkernen oder einfach nur waschen.
Das Kürbisfleisch in Scheiben schneiden. Die Kartoffeln schälen und ebenfalls in Scheiben schneiden (etwa 0,5 Zentimeter dick).
Zwiebel schneiden und in drei Eßlöffeln Butter mit etwas Zucker glasig werden lassen. Die Kürbis- und Kartoffelscheiben sowie Wein, Salz, Pfeffer und Muskat hinzufügen und das Ganze fünf Minuten dünsten lassen.

Eine Gratinierschüssel mit der restlichen Butter gut ausfetten. Die Kürbis-Kartoffelmischung in die Schüssel geben, die Scheiben dabei möglichst gefächert auflegen. Nun die Hälfte des geriebenen Käses (Emmentaler, Gruyère oder Raclette) mit den Eiern und etwas Milch verquirlen und gleichmäßig über das Gemüse verteilen. Kartoffeln und Kürbisse sollten knapp mit Flüssigkeit bedeckt sein. Wenn nicht, mit etwas Wasser oder Hühnerbrühe nachhelfen.

Mit dem restlichen Käse bestreuen und im vorgeheizten Backrohr bei etwa 200 Grad etwa 20 Minuten überbacken, bis der Käse braun wird.
In der Gratinierschüssel heiß servieren.

ZUTATEN

4-6 PERSONEN

800 g Kürbisfleisch
800 g festkochende Kartoffeln
1 große Zwiebel
3-4 EL Butter
1/8-1/4 Liter Weißwein
200 g geriebener Emmentaler
2 Eier
und etwas Milch
Prise Muskat
Prise Zucker
Salz
Pfeffer

SPAGHETTIKÜRBIS

CUCURBITA PEPO

In seinem berühmten Werk „Diaeteticon"
schrieb der Pionier der Lebensmittelkunde,
Johann Sigismund Elsholtz: „Die Natur spielet
sehr in der Gestalt der Kürbisse, derer einige
einem Stern / andere einer Melonen / oder Cit-
ronen / oder Pommeranzen / oder Limonen /
oder Quitten / oder Birne / oder einem Käse /
und dergleichen Dinge mehr / ähnlich sehen."
Eine Kürbisform hat der gelehrte Mann freilich in seiner Aufzählung vergessen: die
Spaghettiform. Allerdings sieht man dem
Spaghettikürbis sein kurioses Innenleben erst
nach dem Kochen an. Äußerlich gleicht er eher
einem Rugby-Ball. Dabei stammt diese alte
Gemüsesorte weder aus England noch aus
Italien, sondern aus Japan, wo sie seit langem
sehr geschätzt wird.

Ein guter Kletterer

Diese Kürbisart gedeiht üblicherweise wie Unkraut. Man muß die Pflanzen weniger pflegen,
als vielmehr das restliche Gemüsebeet vor
ihnen schützen. Läßt man ihnen dort keinen
Platz, dann schrecken die Kürbispflanzen vor
Klettertouren keineswegs zurück, um sich
hemmungslos auszubreiten.

Die Kürbisse neigen auch dazu, sich zu ver-
stecken, was dazu führt, daß man viele der
reifen, gelblich-weißen Früchte erst dann entdeckt, wenn die anderen Pflanzen bereits ihr
Laub verloren haben. Solche „Kürbishecken"
oder „Kürbissträucher" sorgen bei den Nach-
barn oft für einige Verwirrung ...

1) AUSSAAT: im April oder Mai in kleinen Töpfen; die dreiblättrigen, kleinen Pflanzen werden nach dem letzten Frost
(bzw. nach den Eisheiligen) mit 0,5-1 Meter Abstand ausgepflanzt. Eventuell auch Direktsaat auf den Komposthaufen
oder an den Rand des Beets. 2) BODEN: Kürbisse lieben im allgemeinen lockere, tiefe, kompostreiche Böden.
3) KLIMA: junge Pflanzen vor übermäßiger Nässe schützen. 4) PFLEGE: eventuell nachdüngen, am besten mit guter
Komposterde. 5) ERNTE: ab September bis zum ersten Frost. 6) LAGERUNG: kühl und trocken bis zu zwei Wochen
haltbar.

Spaghettikürbis
mit Speck und Tomaten

Eine ungewöhnliche Vorspeise

Den Spaghettikürbis ungeschält im ganzen in ungesalzenem Wasser etwa eine halbe Stunde lang kochen, herausnehmen und dann auskühlen lassen.

Inzwischen die Marinade zubereiten: Öl, Essig, Salz und Pfeffer gut verrühren. Die Basilikumblätter grob hacken und hinzufügen. Den Speck in Streifen schneiden und in einer Pfanne langsam knusprig braten.

Den ausgekühlten Kürbis der Länge nach aufschneiden. Die Kerne entfernen. Nun mit einem Löffel das Fruchtfleisch vorsichtig herausschälen. Die Schale dabei nicht verletzen, die brauchen wir noch!

Nun das Fruchtfleisch, das aus langen, spaghettiartigen Fäden besteht, unter Beifügung der halbierten oder geviertelten Cocktailtomaten gut mit der Marinade vermischen. Das Ganze in die Schale der Kürbishälften füllen und mit den gerösteten Speckstreifen bestreuen. Mit einem Basilikumblatt garnieren und als Vorspeise mit frischem Weißbrot servieren.

Gemüse-Spaghetti

Es gibt noch viele andere Möglichkeiten dem Spaghettikurbis zu kulinarischen Ehren zu verhelfen. Die einfachste und sicher nicht die schlechteste: Die gekochten Kürbisfäden werden in Butter geschwenkt, gesalzen und mit frisch geriebenem Parmesan bestreut. So kommt das feine, zitronige Aroma des Kürbisfleisches sehr gut zur Geltung.

Man kann viele herkömmliche Sughi auch für die Kürbis-Spaghetti verwenden: Der klassische Pesto mit Knoblauch und viel Basilikum ist meiner Meinung nach ein bißchen zu intensiv, obwohl auch diese Kombination nicht schlecht ist.

An kühleren Herbsttagen bietet sich ‚Spaghettikürbis all arrabbiata' in einer feurigen Tomatensauce an.

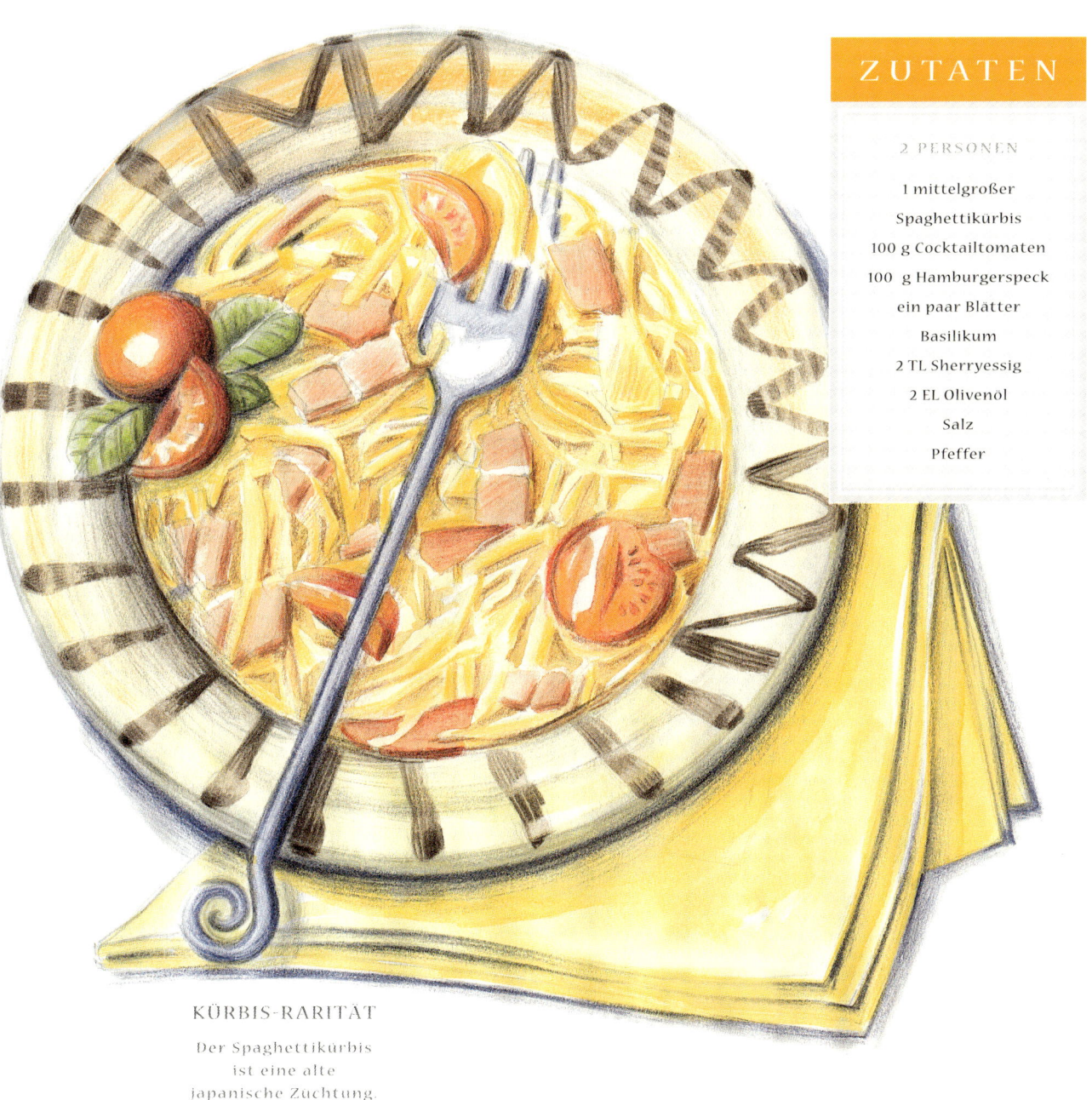

ZUTATEN

2 PERSONEN

1 mittelgroßer
Spaghettikürbis
100 g Cocktailtomaten
100 g Hamburgerspeck
ein paar Blätter
Basilikum
2 TL Sherryessig
2 EL Olivenöl
Salz
Pfeffer

KÜRBIS-RARITÄT

Der Spaghettikürbis
ist eine alte
japanische Züchtung.

TOMATEN

FRÜCHTE AUS DEM PARADIES

Paradies-Früchte

Eine Welt ohne Tomaten ist heute nicht mehr vorstellbar. Man versuche nur, einige Proben aufs Exempel zu machen: Italien ohne Sugo; Studenten ohne Pizza; und Kinder ohne Ketchup …

Verbotene Früchte

Heute ist die Tomate das weltweit meistkonsumierte Gemüse. Dabei brauchte die Tomate sehr lange, bis es ihr gelang, sich auf den Speisezetteln durchzusetzen. Die von den Spaniern aus Südamerika mitgebrachte Pflanze wurde anfangs als reine Zierpflanze betrachtet. Die Früchte dieses Nachtschattengewächses nannte man „Liebesäpfel" (Pomae amoris) und schrieb ihnen eine aphrodisierende Wirkung zu. Kein Wunder, daß die Kirche die Frucht mit der aufreizenden Farbe bald verdammte.

Die Italiener dürften die ersten gewesen sein, die sich trauten, die verbotenen Früchte zu verkosten – darauf weist zumindest eine Quelle aus dem 16. Jahrhundert hin.

Es dauerte weitere dreihundert Jahre, bis sich – im späten 19. Jahrhundert – allmählich die Meinung durchsetzte, die Tomate sei, zumindest gekocht, durchaus eßbar.

Giftig oder gesund?

Der Aberglaube rund um die Tomate war damit aber noch lange nicht vorbei. Noch vor wenigen Jahren glaubte man, Tomaten erzeugten Gicht sowie Krebs und seien ernährungsphysiologisch wertlos. Heute hat das Pendel in die andere Richtung ausgeschlagen: Tomaten sollen Magen, Bauchspeicheldrüse und Leber positiv beeinflussen, Stoffwechselgifte neutralisieren – und vorbeugend gegen Gicht und Krebs wirken.

Was immer man davon halten mag: Die Früchte aus dem Paradies bestehen jedenfalls aus durchschnittlich 94 % Wasser. Sie enthalten sieben Mineralstoffe, zehn Spurenelemente und 13 Vitamine. Und mindestens ebensoviele Substanzen, die es noch zu entdecken gilt …

Tatsächlich enthalten Tomaten auch ein Gift: Solanin. Es ist aber nur in den Blättern, den Stielen und unreifen Früchten vorhanden. Grüne Tomaten sollte man also nicht roh essen (dazu müßte man ohnehin ziemlich masochistisch veranlagt sein). Beim Kochen wird das Solanin aber umgewandelt – deshalb sind eingelegte grüne Tomaten und andere Zubereitungen absolut unbedenklich!

Sortenvielfalt

Es gibt einige Hundert Sorten von Tomaten. Die ersten Früchte aus dem Paradies (die man in Ostösterreich immer noch „Paradeiser" nennt) waren gerippt und eher klein. Durch jahrzehntelanges Züchten entstanden verschiedene Spielformen. Einige davon findet man heute in jedem Supermarkt: mittelgroße Strauchtomaten (die heute gerne mit Rispen verkauft werden), große Fleischtomaten, die sich gut zum Füllen eignen, oder Cocktailtomaten, die leicht süßlich schmecken.

Von diesen Grundformen abgesehen gibt es noch birnenförmige, hornförmige, herzförmige, runde, kleine, riesige, gestreifte, ovale, glatte, flaumartig behaarte, johannisbeerähnliche, gelbe, orangerote, weiße, violette und grüne Tomaten, die auch in reifem Zustand grün bleiben. Es gibt manche Früchte, die wiegen gerade ein Gramm, und andere, die ein Gewicht von bis zu einem Kilogramm erreichen.

Es gibt kein größeres Vergnügen, als sich jeden Tag an einer anderen Sorte delektieren zu können – optisch und geschmacklich. Und das größte aller Vergnügen: in den Garten zu gehen und die Tomate wie eine ‚verbotene Frucht' zu pflücken und gleich zu verspeisen.

Ein Tip zur Lagerung

Tomaten halten sich im Kühlschrank ziemlich lange frisch. Der Nachteil: Sie verlieren an Geschmack. Deshalb lagern Kenner Tomaten immer bei Zimmertemperatur, am besten in einem geflochtenen Korb. Hier können die Früchte aus dem Paradies nachreifen.

Und noch ein Vorteil: Wenn sie nicht im Kühlschrank versteckt sind, bereiten die Tomaten auch den Augen Freude. Da alle Tomatensorten mehr oder weniger die gleiche Pflege benötigen, sei diese hier in einem einheitlichen Kapitel kurz beschrieben.

Sonne, Wärme, Wasser

Die Tomate ist eine einjährige Pflanze und gehört zur Familie der Nachtschattengewächse. Sie gedeiht im Süden sehr gut, wenn sie ausreichend bewässert wird. In nördlichen Regionen wiederum haben wir genügend Wasser – dafür weniger Wärme, die die Tomate ebenfalls braucht, um zu reifen und einen guten Geschmack zu entwickeln. Deshalb ist für das gute Gedeihen der Tomate zweierlei wichtig: die Vorkultur sowie, in weiterer Folge, ein windgeschützter, sonniger Platz. Außerdem braucht sie mehr Pflege als andere Pflanzen, die dem kühleren Klima besser angepaßt sind.

Tomaten

Vorkeimen

Tomaten brauchen zum Keimen mindestens 15 Grad Celsius Lufttemperatur, woraus sich in kühleren Ländern die Notwendigkeit ableitet, mit der Vorzucht der Samen in geschlossenen Räumen zu beginnen, am besten im März. Bei guten Verhältnissen dauert die Keimung etwa 10 Tage; mit der Auspflanzung ins Freiland sollte man 6-9 Wochen warten; 1-2 Monate später kann man, je nach Sorte, mit der Blüte rechnen, weitere 2-3 Monate später mit der Ernte. Es liegt auf der Hand, daß man also, will man tatsächlich reife Früchte ernten, rechtzeitig beginnen muß ...

Vorgekeimt wird am besten, indem man 2-3 Samen in die handelsüblichen kleinen Torftöpfchen gibt; oberhalb und unterhalb des Samens kommen jeweils 2-3 cm Erde. Regelmäßig gießen. Den stärksten Sämling in einen größeren Topf einpflanzen.

Standort

Der ideale Standort für Tomatenpflanzen liegt südseitig, am besten an einer Mauer, die die Wärme speichert. Zusätzlich empfiehlt sich links und rechts der Pflanzung ein Windschutz aus Brettern oder alten Fenstern, da die Tomaten auf kalte Winde empfindlich reagieren. Auch der Balkon eignet sich sehr gut. Man setzt die Tomatenpflanzen dann in Tontöpfe mit mindestens 25 cm Durchmesser.

Boden

Die Tomate liebt humusreiche, lehmig-sandige Böden, die wasserdurchlässig und gut bearbeitet sind (gut umgraben, im Herbst mit Stallmist oder Komposterde düngen).

Auspflanzen

Das Auspflanzen sollte nicht vor Mitte Mai erfolgen. Die Pflanzen sollten 40-70 cm Abstand voneinander haben. Ein Trick beim Auspflanzen: ein paar der unteren Blätter abzupfen und nicht nur die Wurzeln, sondern auch einen Teil des Stiels in der Erde versenken. Dadurch entwickelt die Pflanze mehr Nebenwurzeln, wodurch sie besser gedeihen kann. Die Pflanze kann auch ein bißchen schräg gesetzt werden, dadurch verstärkt sich der Effekt (sie richtet sich danach von selbst wieder auf).

Bewässerung

Eine regelmäßige Bewässerung ist nötig. Wenn der Boden zu trocken wird, platzen die Früchte nach Einsetzen eines stärkeren Regens häufig auf! Also: regelmäßig feucht halten! Dabei immer nur das Erdreich gießen und nicht die ganze Pflanze, da auch das zu Rissen an den Früchten führen kann.

Im Anfangsstadium, bei der Wurzelbildung, sollte dagegen sparsamer gegossen werden, weil die Pflanzen sonst „bequem" werden und wenige Wurzeln ausbilden.

Pflege

Bis auf die nicht so hochwachsenden Buschtomaten sollte man die Tomatenpflanzen an festen Stäben hochbinden, da die Früchte sonst auf dem Boden zu liegen kommen, wo sie sehr schnell verfaulen. Auch ein Hochbinden an Spalieren oder Gerüsten (zum Beispiel in Pyramidenform) ist zielführend.

Wichtig ist das „Ausgeizen", das „Ausknipsen" der Triebe, damit die Energie in die Frucht geht und nicht in die Blätter. Die meisten Sorten gedeihen ein- bis dreitriebig am besten. Alle anderen Triebe, die sich in den „Blattachseln" bilden, werden weggeknipst. Auch die Blütenstände sollten reduziert werden, um die Reifung der späteren Tomaten zu begünstigen. Im Freiland läßt man den Tomaten 5-6 Blütenstände, die anderen werden weggeknipst oder -geschnitten.

Der Boden soll während des Wachstums der Pflanze von Unkraut befreit werden. Dabei aber nicht hacken, denn die Tomate ist ein Flachwurzler! Sinnvoll ist auch ein regelmäßiges Anhäufeln der Pflanzen – diese erhalten dadurch mehr „Standfestigkeit".

Düngen kann man mit gereiftem Kompost, nicht aber mit Stallmist, da dieser vor allem das Krautwachstum fördert.

Ernte

Die Ernte ist das leichteste an der Tomatenzucht – wenn die Früchte schön rot (bzw. je nach Sorte tiefgelb) sind und einem leichten Fingerdruck nachgeben, kann damit begonnen werden. Es ist sinnvoll, die Tomaten mit der Rispe zu ernten – denn die Rispe erhöht deren Haltbarkeit.

Auf jeden Fall muß vor dem ersten Frost geerntet werden. Ein Trick, falls dann noch Früchte unreif sein sollten: Wenn man die ganze Pflanze ausreißt und verkehrt aufhängt, reifen die grünen Früchte am besten nach. Man kann grüne Tomaten aber auch zu einer Delikatesse verarbeiten – siehe Rezeptteil!

SAN MARZANO

SOLANUM LYCOPERSICUM
DIE LÄNGLICHE AUS ITALIEN

Die längliche „San Marzano"-Tomate ist die typische „Pelati"-Sorte, die üblicherweise zu Millionen in Dosen landet. Wobei man sagen muß, daß diese reifen, länglichen Früchte selbst als Konserve ihre winterlichen Glashauskollegen mühelos an Geschmack übertreffen.

„San Marzano" ist eine typisch italienische Sorte. Sie braucht viel Sonne und Hitze.

Die Tomaten haben ihren Siegeszug durch Europa von Italien aus angetreten. Man geht davon aus, daß die Neapolitaner die ersten waren, die die Tomaten in Saucen und Sughi verwendeten. Von Neapel aus gelangte die Tomate nach Rom und verbreitete sich allmählich in ganz Europa.

Die Pizza wurde im Gegensatz zur Tomate schon seit mehreren tausend Jahren genossen. Selbst der Neapolitaner Francesconi gibt in seinem Kochbuch „La Cucina Napoletana" zu, daß sie wahrscheinlich aus Rom stammt, wo die alten (und sicher auch die jungen) Römer ein belegtes Fladenbrot buken, das sie „picea" nannten.

Die erste Pizza heutiger Art aber dürfte in der Mitte des 18. Jahrhunderts in Neapel entstanden sein. Ende des 19. Jahrhunderts beschäftigte sogar der Hof einen „Pizzaiolo", einen Pizzabäcker. Es war der amtierende Pizzaiolo Raffaele Esposito, der 1889 für Königin Margherita jene legendäre Pizza erfand, die heute jedes Kind kennt: die Pizza Margherita eben (siehe Rezeptteil), zu Ehren der Königin in den Nationalfarben Grün, Weiß und Rot.

Ungefähr zur selben Zeit wurden für heimwehgeplagte Neapolitaner die ersten Pizzerie in den italienischen Bezirken der amerikanischen Großstädte eröffnet. Von Amerika aus begann die Pizza dann ihren friedlichen Siegeszug um die Welt.

Heute, keine 120 Jahre später, gibt es wohl nur noch wenige Orte auf der Welt ohne Pizzeria.

Anbau, Pflege und Ernte: Siehe Seiten 32 bis 33.

Antipasti

„Vor der Pasta"

„Antipasti" nennt man in Italien jene Speisen, die vor der Vorspeise (also meist der Pasta) gegessen oder zum Aperitif gereicht werden. Es sind meist kleine, leichte Häppchen, die so gut sind, daß man nicht genug davon bekommen kann – weshalb wir sie unseren Gästen gerne als einzige Vorspeise reichen, damit für den Rest des Menüs auch noch ein wenig Platz bleibt.

Crostini und Bruschetta

Die Urform des Crostino ist wohl die Bruschetta, die in der Toskana gerne gegessen wird: Getoastetes Weißbrot wird mit Knoblauch abgerieben, gesalzen und mit Olivenöl beträufelt. Steigerungsstufe: Auch eine Tomate wird auf das Brot gerieben. Und so enstanden nach und nach immer raffiniertere Formen, wobei die Grundidee des Crostino die Einfachheit ist – denn ursprünglich dienten die leckeren Happen dazu, das nicht mehr ganz so frische Brot zu verwerten.

Hühnerleber & Co.

Eine klassische Variante ist der Crostino mit Hühnerleber: Gebratene Hühnerleber, Zwiebel, Knoblauch, Salz, Pfeffer und Butter werden mit der Gabel zu einer Creme zerstoßen – ein Traum. Sehr gut schmecken auch Crostini alla Napoletana (mit Olivenöl, Mozzarella, Sardellen, Tomaten, Pfeffer und Oregano) oder mit Olivenpaste (aus Oliven, Sardellen, Kapern, Zitronensaft, Pfeffer).

Natürlich kann man auch seine eigenen Crostini-Spielarten entwickeln: Experimente mit Zucchini, Paprika, Käse, Kapern und Gewürzen führen bestimmt zur Kreation neuer Rezepte. Auch einige der Rezepte aus diesem Kochbuch eignen sich als Crostini-Belag: etwa der Auberginen-Salat oder das Tomaten-Chutney.

Puristen werden vielleicht angesichts des Länder- und Kulturen-Mixes die Nase rümpfen. Sie übersehen dabei, daß die besten kulinarischen Traditionen immer aus der Vermischung verschiedener Einflüsse entstanden sind.

Der ideale Beginn
eines südländischen
Festmahls:
Crostini-Variationen.

Für italienische Gerichte
wie Crostini eignet sich
die San Marzano-Tomate
am besten.

Crostini
mit San Marzano-Tomaten

UND ANDERE SCHNELLE ANTIPASTI

Für Crostini eignet sich am besten italienisches Weißbrot. Es ist etwas grobporiger als etwa das französische Weißbrot, weshalb es die Brotaufstriche besser aufnehmen kann. Wichtig ist die Frage nach dem richtigen Zeitpunkt für das Bestreichen des Brotes. Da gibt es zwei Philosophien: Die einen reichen getoastetes Brot und stellen alle anderen Zutaten auf den Tisch, damit sich jeder den Crostino seiner Wahl zubereiten kann. Die anderen machen die Crostini fix fertig im Rohr. Das hat den Vorteil, daß die Crostini auch im Stehen, zum Beispiel zum Aperitif, genossen werden können.

Zubereitung

Die Knoblauchzehen schälen und fein schneiden. Die Tomaten kreuzförmig einschneiden, kurz in heißes Wasser legen, schälen und in sehr kleine Stücke schneiden. Gemeinsam mit dem Knoblauch, dem Olivenöl und der im Mörser zerstoßenen Peperoncino-Schote gut durchmischen. Zum Schluß salzen. Das Weißbrot in Scheiben schneiden. Mit etwas Olivenöl beträufeln und im vorgewärmten Backrohr (200 Grad) kurz knusprig werden lassen. Danach herausnehmen, den Aufstrich etwa 1 cm dick auftragen und wieder ins Rohr geben, bis das Brot goldbraun und knusprig ist. Heiß servieren – am besten gleich direkt auf dem Backblech.

Das „Vortoasten" des Brotes bewirkt, daß sich dieses nicht mit Flüssigkeit vollsaugt, sondern schön knusprig bleibt.

Man kann diesen Aufstrich auch als Sugo für Spaghetti verwenden!

ZUTATEN

4 PERSONEN

Weißbrot
nach Bedarf
4 EL Olivenöl
4 Knoblauchzehen
1 scharfe
Peperoncino-Schote
6 San Marzano-Tomaten
Salz

Pizza Margherita

So wird die Pizza in der originalen ‚Cucina Napoletana' gemacht:

Zubereitung

In einer Tasse die Hefe mit ein wenig lauwarmem Wasser und einer Handvoll Mehl gut vermischen und eine halbe Stunde aufgehen lassen.

Das restliche Mehl aufhäufeln und in der Mitte einen Krater bilden. In die Mitte das vorbereitete Hefe-„Dampfl" legen, eine gute Prise Salz dazugeben und soviel lauwarmes Wasser hinzufügen, wie der Teig braucht, um eine seidige und mittelfeste Konsistenz zu bekommen. Den Teig mindestens zehn Minuten lang gut durchkneten. Um zwei Pizze zu erhalten, den Teig in zwei gleiche Teile trennen, die Teile mit Mehl stauben und in eine Keramikschüssel legen, mit einem Geschirrtuch bedecken und an einem warmen Ort etwa eineinhalb bis zwei Stunden aufgehen lassen. (Man kann diesen Teig auch mehrere Tage im Kühlschrank aufheben!)

Nun kommt die wahre Kunst des Pizzamachens: Der Teig wird zu einer runden, flachen Form ausgebreitet. Der Teig sollte sehr dünn und am Rand etwas aufgewölbt sein. Wenn man das nicht auf Anhieb mit der Leichtigkeit und Eleganz eines Pizzaiolo schafft, dann kann man sich auch mit einem Nudelholz behelfen. Mit dem anderen Teigstück verfährt man ebenso.

Nun die Pizzaböden auf ein Backpapier geben und in dieser Reihenfolge mit den Zutaten belegen: mit den geschälten, klein geschnittenen und gut abgetropften Tomaten, der in dünne Scheiben geschnittenen Mozzarella, dem geriebenen Parmesan, dem Basilikum, Salz und Pfeffer. Zuletzt mit dem Öl beträufeln.

Eine Pizza in das sehr gut aufgeheizte Backrohr geben. Je mehr Temperatur man hat, desto besser! Ideal für Pizza eignen sich Backsteine aus Schamotte, die für einige Backrohre erhältlich sind. Aber auch auf einem Backblech gelingt die Pizza gut. Nach 5-15 Minuten, wenn der Teig knusprig wird, die eine Pizza herausholen, warmstellen und die andere fertigbacken. Man kann stattdessen auch viele verschiedene Mini-Pizze oder eine große „Blechpizza" machen, aus der dann Stücke geschnitten werden.

ZUTATEN

FÜR
2 GROSSE PIZZE

TEIG

ca. 250 g Mehl
15 g Hefe
Salz & Wasser

BELAG

200 g geschälte,
klein gewürfelte und
abgetropfte Tomaten
150 g Mozzarella
2 EL Parmesan
2 EL Olivenöl
Basilikum
Salz & Pfeffer

Diese klassische
Pizza Margherita
kann man ganz nach
den eigenen
Vorlieben variieren.

GELBE TOMATE

IN BIRNENFORM
SOLANUM LYCOPERSICUM

In Frankreich wurden Tomaten zur Zeit der Revolution erstmals „urkundlich" erwähnt. Diese Revolution war auch eine kulinarische: Am Ende des 18. Jahrhunderts tauchte die Tomate, bis dahin als reine Zierpflanze betrachtet, in einem Gemüsekochbuch auf.

Eine dekorative Pflanze ist die gelbe, birnenförmige Tomate auch heute noch. Daß die fleischigen, leicht süßlichen Früchte ungenützt auf dem Strauch hängenbleiben, ist hingegen kaum noch vorstellbar.
Diese Stabtomate erreicht etwa Pflaumengröße. Als eher frühe Sorte gedeiht sie sowohl im Treibhaus als auch an geschützten Plätzen im Freilandbeet oder auf dem Balkon.
Der Geschmack ist, wie bei den meisten helleren Sorten, milder. Dabei sollte man eines

beachten: Die gelben, birnenförmigen Tomaten neigen, noch leichter als manche roten Sorten, zum Aufplatzen. Eine regelmäßige Bewässerung ist deshalb sehr wichtig. Gießt man nur selten, saugen sich die Früchte regelrecht mit Wasser voll – diesem „Überdruck" ist die oft zarte Haut der Tomate nicht gewachsen. Die Haut der gelben, birnenförmigen Tomaten ist besonders dünn und daher empfindlich. Auch ist auf den richtigen Erntezeitpunkt zu achten. Er sollte in jedem Fall vor dem Höhepunkt der Reife liegen – auch, weil das herbe Aroma der Früchte dann gut zu unseren Rezepten paßt.

Die gelbe Tomate ist, außer als „Aufputz" für Salate, besonders für Chutneys und zum Einlegen geeignet.

Anbau, Pflege und Ernte: Siehe Seiten 32 bis 33.

Eingelegte grüne Tomaten

EINE DELIKATESSE AUS DEM EINMACHGLAS

Zugegeben – dieses Rezept klingt so, als hätte man drei Tage Arbeit damit. Es beschäftigt einen auch drei Tage lang – aber dafür jeweils nur wenige Minuten. Die 'Wartezeiten' sind aber nötig, um den Tomaten das Bittere zu nehmen. Die Zeit, die sie nicht mehr im Garten reifen konnten, muß man ihnen eben jetzt gönnen.

Zubereitung

Die Tomaten mit einer dicken Nadel einstechen – sonst zerplatzen sie beim Kochen! Salzwasser zum Kochen bringen, die Tomaten drei bis vier Minuten darin köcheln lassen. Anschließend die Tomaten abtropfen lassen und in einer Schüssel mit Essig begießen. Über Nacht zugedeckt stehen lassen. Anderntags Zucker und

Wasser aufkochen. Falls dabei Schaum entstehen sollte, diesen abschöpfen. Die Gewürze hinzufügen, danach die ganze Flüssigkeit abkühlen lassen. Erst nach dem Auskühlen über die Essigtomaten gießen und eine weitere Nacht lang stehen lassen.

Am nächsten Tag den Sud in einen Topf gießen und etwa 15 Minuten lang einkochen lassen. Die Tomaten in große Einmachgläser legen, mit dem kochend heißen Sud übergießen und die Gläser gleich fest verschließen. Mindestens ein paar Tage „reifen" lassen.

ZUTATEN

1 kg grüne Tomaten
1 Liter Weißweinessig
1 kg Zucker
Wasser
2 TL Salz
1 TL gemahlener Ingwer
Schale einer Biozitrone
2 TL Pfefferkörner
1 Zimtstange
5 Gewürznelken
1 TL Senfkörner

Die eingelegten Tomaten passen sehr gut zu allen kalten Gerichten.

Aber auch als pikante Beilage zu gegrilltem Fleisch oder Fisch eignen sie sich gut.

Unreife Tomaten
sind eine ganz
besondere Spezialität!

Chutney

Englisches aus Indien

Die Briten profitieren bis heute von ihrer ehemaligen Kolonie Indien – hat doch die indische Küchenkultur einige erfreuliche Oasen in der kulinarischen Wüste Großbritanniens gedeihen lassen. Nicht nur die vielen asiatischen Lokale zeugen davon, sondern auch einige Gerichte, die man für englisch halten könnte, die aber ursprünglich aus Indien stammen. Zum Beispiel die Chutneys. Sie werden heute in England als „traditionelle" Beilage zu Grill- und kalten Fleischgerichten gereicht. Das Chutney geht aber auf das süß-saure „Chatni" zurück, das in Indien vor allem zu sehr scharfen, heißen Currygerichten gegessen wird.

Doch auch andere „ur-englische" Spezialitäten stammen aus der indischen Küche: zum Beispiel die berühmte Worcester Sauce, die bekanntlich – eine linguistische Schikane – „Wuster" ausgesprochen wird. Der Hauptbestandteil ihres Aromas ist Tamarinde, die „indische Dattel", eine Hülsenfruchtart, aus der ein aromatischer Sirup gewonnen wird.

Wenn man den neuesten medizinischen Erkenntnissen glauben darf, dann tun die Engländer jedenfalls gut daran, das feurige indische Essen zu schätzen. Denn die Schärfe, vor allem jene des häufig verwendeten Chili-Pfeffers, aktiviert die Schleimhäute und reinigt die Atmungsorgane – ideal im feuchtkühlen Inselklima Großbritanniens.

Unendlich viele Variationen!

Es gibt Chutney-Fanatiker, die jedes Jahr ein Dutzend neue Variationen ausprobieren. Der Phantasie sind dabei keine Grenzen gesetzt. Traditionell sind das Mango- und das Koriander-Chutney, man kann aber auch mit Aprikosen, Pfirsichen und Pflaumen experimentieren. Frischer Ingwer macht sich immer gut. Eines hat sich auf jeden Fall bewährt: die Vielfalt der Zutaten nicht allzusehr ausufern zu lassen. Besser, man konzentriert sich auf einige Basisgewürze, die man in verschiedenen Kombinationen ausprobiert.

Es empfiehlt sich auch, die Chutneys haltbar zu machen (siehe Rezept) und sie einige Wochen lang stehen zu lassen. Erst dann haben sich alle Aromen voll entfaltet und die Fruchtstücke mit ihren Geschmacksstoffen durchdrungen.

Süß, sauer, scharf
und vor allem grün:
das Apfel-Tomaten-
Chutney.

48

Apfel-Tomaten-Chutney

GRÜN UND SCHARF

Zubereitung

Die Zwiebeln schälen und in Ringe schneiden. Die Äpfel gut waschen, das Gehäuse entfernen und in kleine Spalten schneiden. Die Tomaten ebenfalls waschen und in kleine Stücke schneiden. Diese Zutaten mit Wasser und ein bißchen Essig bedecken und zum Köcheln bringen. Nach und nach werden nun die anderen Zutaten hinzugefügt. Das Chutney muß immer wieder umgerührt werden, damit es nicht anbrennt. Es sollte bei kleiner Hitze köcheln, bis es eine cremige Konsistenz hat. Das dauert – je nachdem, wie fest man die Fruchtstücke haben will und wie groß man sie geschnitten hat – 30 bis 60 Minuten.

Anwendungen

Das Rezept zu dieser Spezialität stammt aus Indien. Es wird von allen Genießern geschätzt, die eine Vorliebe für die exotischen Kompositionen der indischen Küchentradition haben.

Oft macht dieses Chutney ‚süchtig‘, und manche beginnen, es pur zu löffeln. Sonst reicht man es als Beilage zu Reis und Fleisch. Die Hauptgerichte müssen dabei nicht unbdingt indisch sein – das Chutney paßt zum Beispiel hervorragend zu jeder Art von gegrilltem Fleisch (Lamm- oder Schweinskoteletts, Puten-, Hühner- oder Kalbsschnitzel, Beiried und Steak).

Auch auf Vorrat

Man kann das Chutney auch in größeren Mengen auf Vorrat machen. Man füllt es dann wie Marmelade in saubere, heiß ausgespülte Einmachgläser die man fest verschließt und an einem dunklen und kühlen Ort lagert.

ZUTATEN

600 g saure, grüne Äpfel
600 g grüne Tomaten
300 g Zwiebel
6 geschälte und gehackte Knoblauchzehen
100 g Rosinen
200 g Zucker
2 EL Apfelessig
1 EL Senfkörner
2 EL Currypulver
1 EL gemahlener Ingwer
Salz
Pfeffer

TIGERELLA

SOLANUM LYCOPERSICUM
DIE GESTREIFTE TOMATEN-RARITÄT

Die wunderschöne Streifentomate Tigerella lernte ich unter sehr denkwürdigen Umständen kennen: In Avignon in der südfranzösischen Provence gibt es ein Restaurant, dessen Chef ein fanatischer Tomaten-Liebhaber ist. Er serviert – selbstverständlich nur in der entsprechenden Saison – ein Menü, das vom ersten bis zum letzten Gang aus Tomaten besteht: Zum Beispiel gab es da ein Tomaten-tatare (aus der Tigerella-Tomate), danach eine geeiste Tomatensuppe (eine Abwandlung des spanischen Gazpacho), gefüllte violette Tomaten, Barsch-Filet mit San Marzano-Tomaten sowie, als Dessert, Törtchen mit kandierten grünen Tomaten. Sogar das Sorbet, das in Frankreich gerne zwischen den Gängen gereicht wird, war auf der Basis von Cocktailtomaten zubereitet.

Die Tigerella-Tomate ist eine absolute Rarität. Die gelb-rot gestreiften, runden Früchte dieser Stabtomate gedeihen sowohl im Freien als auch im Treibhaus.

Die Streifentomate ist sehr vielseitig in der Küche verwendbar. In Salaten schmeckt sie ebensogut wie in Saucen – oder wie roh bei einem Picknick.

Sehr gut paßt sie auch zu zwei Gerichten, die aus dem nordafrikanischen Raum stammen, und die in Frankreich ebenfalls gerne gegessen werden: Couscous und Taboulé, eine Art kalter „Couscous-Salat". Die beiden Rezepte auf den folgenden Seiten sind sehr reduziert und vereinfacht. Wer aber die hohe Kunst kennenlernen will, wie man aus Getreide, 24 Gewürzen und Zutaten wie Fleisch, Fisch und traditionell sieben Gemüsesorten ein echtes „kasksou" (wie Couscous auch genannt wird) zubereitet, der sollte eines der einschlägigen Restaurants besuchen, die es mittlerweile in vielen Großstädten gibt.

Anbau, Pflege und Ernte: Siehe Seiten 32 bis 33.

Taboulé

ERFRISCHENDER „COUSCOUS-SALAT"

Taboulé ist ein erfrischender Sommersalat, der aus dem arabischen Raum stammt. Es wird besonders gerne in Südfrankreich gegessen, wo sich einige Einflüsse aus den ehemaligen französischen Kolonien in Afrika durchsetzen konnten – und wo es manchmal auch wüstenhaft heiß sein kann. Die Basis von Taboulé ist Couscous, ein heute meist schon vorgegart erhältlicher, grober Grieß aus Hartweizen. Couscous bekommt man in Feinkost- oder Bioläden. Statt Couscous kann man auch den früher im Nahen Osten beliebten Bulgur verwenden, also gedämpften, wieder getrockneten und danach grob geschroteten Weizen.

Zubereitung

Man rechnet als Vorspeise etwa 60-90 Gramm Couscous pro Person. Couscous in kochendes Wasser geben, zwei Minuten kochen lassen. Wasser abseihen und Couscous kalt abschrecken. Salzen. Olivenöl sowie Zitronensaft hinzufügen. Gut umrühren und einwirken lassen.

Inzwischen alle Gemüsezutaten (den Vorlieben und der Phantasie sind keine Grenzen gesetzt) waschen, nach Bedarf putzen oder schälen, sehr fein schneiden und danach mit dem Couscous vermischen. Eventuell nachsalzen und pfeffern. Wer das exotisch Süß-saure mag, kann auch noch ein paar Rosinen hinzufügen. Nun die Kräuter grob hacken und gut mit dem Taboulé vermischen. Außer Petersilie und Minze machen sich auch einige Blätter frischen Korianders sehr gut in diesem originellen und bekömmlichen Salat. Das Taboulé vor dem Servieren im Kühlschrank mindestens zwei Stunden lang kaltstellen und ziehen lassen.

ZUTATEN

4 PERSONEN

350 g Couscous (vorgegart)
4 feste Tomaten
2 Schalotten
1 Salatgurke
1 gelber Paprika
Saft von 2 Zitronen
4 EL Olivenöl
frische Petersilienblätter
frische Minzeblätter
frische Korianderblätter
evtl. 2 EL Rosinen
Salz
Pfeffer oder Harissa (Chilipaste mit Kreuzkümmel)

Taboulé:
eine originelle
und erfrischende
Speise für heiße
Sommertage.

53

4-6 PERSONEN

500 g Couscous
8 Tigerella-Tomaten
2 Karotten
1 Aubergine
(oder Zucchini, Broccoli,
Porree, Paprika, etc ...)
100 g Kichererbsen
(vorgegart)
8 kleine Schalotten
8 Knoblauchzehen
7 EL Olivenöl
Salz
1/2 Liter Joghurt
Minzeblätter
Kreuzkümmel
Petersilie
Harissa
frischer Koriander

Couscous

Couscous ist das maghrebinische Alltagsgericht. In Tunesien, Algerien und Marokko ist es ein Grundnahrungsmittel. Es gibt viele Möglichkeiten, Couscous zuzubereiten – mit Lammfleisch etwa und scharfen Saucen (zum Beispiel Harissa). In erster Linie aber wird es mit Gemüse serviert. Tomaten dürfen dabei keinesfalls fehlen, wobei die alte Sorte Tigerella nicht nur gut schmeckt, sondern auch optisch attraktiv ist.
Traditionellerweise sollte Couscous in einem speziellen Kochtopf, der Couscousière, zubereitet werden. Das ist ein Topf aus Ton oder Gußeisen. Im unteren Teil garen die Gemüse, in einem Sieb darüber dämpft der Weizengrieß und nimmt so nebenbei die Gemüse-Aromen in sich auf.
Man kann den handelsüblichen, vorgegarten Couscous aber auch mit ‚normalem' Kochgeschirr zubereiten.

Zubereitung

Knoblauch und Schalotten fein schneiden.

Die restlichen Gemüse (sieben Sorten) nach Bedarf putzen, grob würfeln und alles in vier Eßlöffeln Olivenöl langsam (Deckel!) bißfest garen. Vorgegarte Kichererbsen (gibt es auch in Gläsern) hinzufügen.

Inzwischen in einem Topf 1/2 Liter Wasser mit einem Teelöffel Salz und einem Eßlöffel Olivenöl zum Kochen bringen. Vom Herd nehmen und 500 Gramm Couscous hinzufügen. Umrühren und fünf Minuten ziehen lassen. Danach noch einmal zwei Eßlöffel Olivenöl hinzufügen und das Ganze bei kleiner Hitze unter ständigem Rühren mit einem Holzkochlöffel noch einmal drei Minuten lang erwärmen. Das Gemüse wird auf oder neben dem Couscous angerichtet.

Dazu kann man eine Sauce aus Joghurt sowie verschiedenen Kräutern und Gewürzen reichen (Knoblauch, Curry, Kurkuma, Safran, Kreuzkümmel, Harissa, Minze, Koriander, Petersilie ...). Couscous wird traditionell mit der Hand gegessen – aber nur mit der rechten!

BERNER ROSE

SOLANUM LYCOPERSICUM

Die Berner Rose ist eine sehr alte Tomatensorte. Es ist eine klassische Fleischtomate von dunkelroter Farbe und köstlichem Geschmack. Sie gedeiht gerne am Stab, egal, ob im Gewächshaus oder im Freien.

Die Erträge der Berner Rose sind nicht gerade gigantisch, dafür aber ihr Geschmack. Außerdem ist sie im Vergleich zu anderen Tomatensorten relativ bedürfnislos, was Boden- und Klimaverhältnisse betrifft. „Diese Tomate", sagte mir einmal ein begeisterter Gärtner, „ist rot wie das Leben."

Der Ausspruch hat mir gefallen, weil er meine Aufmerksamkeit wieder auf etwas lenkte, was uns ganz selbstverständlich geworden ist: die Schönheit einer Tomate. Man muß sich nur einmal vorstellen, man würde die erste Tomate seines Lebens sehen, und man wird lauter Wunder entdecken.

Die blutrote Oberfläche, die einerseits weich ist und andererseits fest und undurchdringlich; der Glanz dieser Oberfläche. Und dann, wenn man die Tomate entzwei schneidet: Zwischen den hellroten Mittelachsen breiten sich die goldenen Kerne aus wie die Flügel eines exotischen Schmetterlings.

Und erst der Geschmack einer guten Tomate! Eine betörende Mischung aus süß und salzig, saftig und fest, fruchtig und fleischig. Es ist direkt schade, die Berner Rose zu verkochen, vor allem die eigene, liebevoll im Garten gezogene …

Anbau, Pflege und Ernte: Siehe Seiten 32 bis 33.

Gefüllte Tomaten

Man muß Tomaten nicht unbedingt füllen, um eine Delikatesse aus ihnen zu machen. Auch wenn sie ,nur' gebraten sind, gehören sie zu den feinsten Zuspeisen, mit denen man sich selbst und seine Gäste erfreuen kann: Die Tomaten werden hierzu gewaschen und in einer Pfanne mit Deckel in etwas Olivenöl gedünstet, bis sie weich sind. Ähnlich kann man Tomaten auch am Griller oder im Rohr zubereiten. Eine kleine Verfeinerung: Man steckt ein Basilikumblatt vor dem Braten in die Tomate. Da sind wir schon auf dem halben Weg zu unserem Basisrezept für gefüllte Tomaten:

Zubereitung

Von den Tomaten eine Kappe abschneiden. Den größeren Teil vorsichtig mit einem kleinen Löffel oder einem Schaber aushöhlen. Die Schalotten und die Knoblauchzehen schälen und – wie die Kappen der Tomaten – sehr fein schneiden und gut mit dem Fruchtfleisch vermischen. Das Olivenöl und die Semmelbrösel sowie das Eigelb ebenfalls dazumischen.

Basilikum und Petersilie waschen, hacken und hinzufügen. Mit Salz und Pfeffer abschmecken. Nun die Tomate füllen und die Mozzarellascheibe darüberlegen.

Die Tomaten nebeneinander in eine feuerfeste Form legen, die zuvor mit Olivenöl ausgestrichen worden war, und im vorgeheizten Backrohr bei etwa 180 Grad 15-25 Minuten lang gratinieren.

Für dieses Gericht gibt es unzählige Variationsmöglichkeiten:

Man kann die Tomaten auch mit Ziegen- oder Schafsfrischkäse füllen, wobei sich zusätzlich Kräuter wie Rosmarin, Thymian oder Oregano anbieten. Auch Oliven und Kapern passen dazu.

Oder man füllt die Tomaten mit einer Mischung aus gekochtem Reis und geriebenem Parmesan.

Man kann dieses hier beschriebene Basisrezept um Faschiertes (Hackfleisch) bereichern – wobei dieses vorher mit Zwiebel und Knoblauch in einer Pfanne geröstet werden sollte.

4 PERSONEN

8 Tomaten
4 kleine Schalotten
2 Knoblauchzehen
1 Eigelb
2 EL Olivenöl
2-3 EL Semmelbrösel
100 g Mozzarella
Basilikum
Petersilie
Salz & Pfeffer

Tomaten kann
man in vielen
Varianten füllen!

Ketchup

Ketchup ist in aller Munde: Die einen essen es. Die anderen schimpfen darüber. Während die einen sich mit Grausen abwenden, Ketchupesser als Vorboten des Untergangs des Abendlands sehen und eine Ketchupflasche in ihrer Vorratskammer mehr fürchten als eine Mäuseinvasion, können die anderen nicht leben, ohne Pommes frites, Schnitzel, Spaghetti und Würste sozusagen im roten Meer versinken zu sehen.

Trotz der Unart, industrielle Tomatensauce exzessiv zu verwenden: Ketchup muß nichts Schlechtes sein – vorausgesetzt, es ist selbstgemacht; und vorausgesetzt, es wird richtig verwendet. Ketchup selbst zu machen ist nicht schwer und hat viele Vorteile: Man weiß, was drinnen ist, und man kann die Geschmacksrichtung je nach Anwendung variieren. Zu Grillgerichten, zu gesottenen oder gebratenen Würsten paßt selbstgemachtes Ketchup wunderbar.

Gewürzsaucen wie Ketchup haben eine sehr lange Tradition. Als „Ur-Ketchup" könnte man das römische „Liquamen" bezeichnen, eine Paste aus Essig, Olivenöl und Sardellen. Das Wort Ketchup stammt aber, wie der Vorläufer der heutigen Sauce, aus Asien, schreibt Charles Panati in seiner „Universalgeschichte der ganz gewöhnlichen Dinge": „Im Jahr 1690 entwik-kelten die Chinesen eine pikante Sauce, die ebenfalls zu Fisch und Geflügel gereicht wurde. Sie bestand aus passiertem, gesalzenem Fisch, Muschelfleisch und Gewürzen und hieß kê-siap, und als sie später zum Malaiischen Archipel gelangte, wurde sie dort kechap genannt." Von britischen Seefahrern mitgebracht, erfreuten sich verschiedene Variationen der Sauce in England bald großer Beliebtheit. Ketchup, wie es jetzt genannt wurde, sollte in keinem Haushalt fehlen. „Es war in England so populär", weiß Panati zu berichten, „daß Charles Dickens in seinem Roman ›Barnaby Rudge‹ zungenschnalzend ›Lammkoteletts in reichlich Ketchup gewendet‹ heraufbeschwor, und Lord Byron setzte ihm in seinem Gedicht ›Beppo‹ ein Denkmal."

Unser heutiges Ketchup auf Tomatenbasis entstand Ende des 18. Jahrhunderts. Es dürfte in der lebenslustigen Stadt New Orleans von französischen Einwanderern kreiert worden sein. Es verbreitete sich rasch in den Vereinigten Staaten und wurde überaus populär. Der deutschstämmige Henry Heinz war der erste, der Ketchup ab 1869 in industriellem Stil produzierte. Die von ihm gegründete Firma wird wohl weiterhin in großem Stil produzieren. Auch, wenn wir unser Ketchup selbst machen.

Ketchup selbst gemacht

Zubereitung

Tomaten in kochendes Wasser legen. Wenn die Haut platzt (nach 1-2 Minuten), Tomaten wieder herausnehmen und die Haut abziehen. Tomaten in grobe Würfel schneiden. Die Schalotten schälen und fein schneiden. Den Apfel schälen und in Würfel schneiden. Alles in einen Topf geben, den Zucker hinzufügen und unter ständigem Rühren zu einem dicken Brei einkochen lassen (etwa 20-30 Minuten). Mit Salz, Essig, Koriander, eventuell einem Schuß Worcester Sauce oder, für Hot-Ketchup, Tabasco, würzen. Danach das Ganze durch ein feinmaschiges Sieb passieren, in dem die Tomatenkerne hängenbleiben. Sollte die Konsistenz danach noch zu flüssig sein, läßt man das Ketchup einfach noch ein wenig einkochen.

Man kann bei diesem Basis-Ketchup beliebig mit Gewürzen experimentieren. Paprikapulver, Gewürznelken, Sardellenpaste, Selleriesalz, Ingwer, Curry, Muskat und Zitronensaft sind einige der Möglichkeiten, das Ketchup zu variieren.
Kinder freilich werden wahrscheinlich die puristische Variante bevorzugen.
Dieses Ketchup ist im Kühlschrank einige Tage haltbar. Wenn man das Ketchup wie Marmelade einmacht, ist die Haltbarkeit um einiges länger.

ZUTATEN

1 kg Tomaten
1 großer Apfel
1 EL Zucker
1 TL Rotweinessig
4 kleine Schalotten
1 Prise Salz
1 Prise Koriander (gemahlen)
evtl. Worcester Sauce und Tabasco

KREMSER PERLE

ODER BALKONSTAR – SOLANUM LYCOPERSICUM

Üblicherweise gilt die Tomate als mediterrane Frucht, und man muß zugeben, daß die Tomaten, die unter der Sonne des Südens gereift sind, um einiges besser schmecken als ihre anämischen Geschwister aus dem Norden. Hier ist die Ausnahme: die Kremser Perle, eine Tomatensorte, die auch in nicht ganz so heißen Gefilden gut gedeiht. Ihren Namen verdankt sie der schönen Stadt Krems in der Wachau. Die Kremser Perle zählt zu den „autochthonen", also alteingesessenen Landsorten. Sie gilt in Österreich als „gefährdet", weil die Gesamtanbaufläche unter zwei Hektar liegt. Aber vielleicht ändert sich das bald, wenn die alten Gemüsesorten wiederentdeckt werden ...

Der Anbau der „Paradeiser", wie man in Ostösterreich sagt, hat hierzulande (im Gegensatz etwa zu Deutschland!) Tradition, wie Josef Becker-Dillingen in seinem „Handbuch des gesamten Gemüsebaus" zu berichten weiß: „In England, in Italien und teilweise auch in Österreich und Ungarn ... eroberte sich der Paradies-Apfel schneller die Küchen. Erst der Krieg 1914/18 hat in Deutschland die Tomate allgemeiner Schätzung zugeführt und sie zu einem Volksnahrungsmittel gemacht, das – und dies will sehr viel sagen – sich heute sogar den einfachen Bauerngarten erobert hat."

Die Kremser Perle ist eine mittelgroße Stabtomate. Wie ihr zweiter Name „Balkonstar" verrät, gedeiht sie gerne in Töpfen auf sonnigen Balkonen. Sie hat mehrere Vorteile: Sie reift relativ schnell, sie bringt gute Erträge, und vor allem: Sie hat einen hervorragenden, leicht süßlichen Geschmack. Da sie relativ fest ist, eignet sie sich ideal als Salattomate.

Den Tomatensalat kann man entweder österreichisch anrichten: mit Zwiebel, Salz, etwas Zucker, Apfelessig und Kürbiskernöl. Oder italienisch: mit Olivenöl, Balsamessig und ein paar Blättern frischen Basilikums.

Diese beiden Varianten verraten auch, mit welchen Pflanzen die Tomaten im Gemüsebeet gut harmonieren: mit Basilikum und Zwiebelgewächsen; auch Petersilie mag die Tomate als Nachbarin.

Anbau, Pflege und Ernte: Siehe Seiten 32 bis 33.

Gazpacho
Kalte Tomatensuppe aus Andalusien

Die schöne Stadt Sevilla gilt als Hauptstadt dieser erfrischenden Tomatensuppe. Hier wird Gazpacho an heißen Tagen, von denen es in Südspanien genügend gibt, nicht einfach gegessen, sondern regelrecht als Ritual zelebriert.

Zubereitung

Die Tomaten kreuzweise einschneiden, kurz in kochendes Wasser legen und schälen. Den Paprika einschneiden, auf die heiße Herdplatte legen und ebenfalls schälen. (Manche verzichten auch einfach auf das Schälen, was keinen wesentlichen Unterschied macht ...) Tomaten und Paprika in große Stücke schneiden. Knoblauch und Zwiebel schälen und klein schneiden. Das Brot kurz in Milch oder Wasser einweichen. Alle diese Zutaten im Mixer unter langamer Hinzufügung des Olivenöls zu einer Creme verrühren. (Wer elektrische Küchengeräte ablehnt, kann auch durch ein Sieb passieren.) Mit Salz und Sherryessig abschmecken.

Sollte die Suppe zu dick sein, kann man sie mit Wasser auf die gewünschte Konsistenz strecken. Im Kühlschrank kalt werden lassen.

Inzwischen die Suppeneinlagen vorbereiten: die Eier hartkochen, kalt abschrecken, schälen und in kleine Würfel schneiden. Die Tomate, die Gurke sowie den Paprika schälen und in sehr kleine Würfel schneiden. Die Brotwürfel in Olivenöl anrösten. Diese Einlagen auf eine große Platte oder in mehreren Schüsseln auf den Tisch stellen.

Die kalte Tomatensuppe servieren, am besten in schönen Steingutschalen. Die Einlagen werden je nach Vorliebe in die Suppe gegeben.

ZUTATEN

6 PERSONEN

1 kg reife Tomaten
2 Knoblauchzehen
1 Zwiebel
1 roter Paprika
1 Stück altbackenes
Weißbrot
3 EL Olivenöl
1 EL Sherryessig
Salz
FÜR DIE EINLAGEN:
1 Tomate
1/2 Gurke
1 grüner oder
gelber Paprika
Weißbrotwürfel
Olivenöl
2 hartgekochte Eier

Spaghetti
mit Tomaten, Mozzarella und Basilikum

Dieses Rezept eignet sich gut für sommerliche, warme Tage – denn es handelt sich dabei um Spaghetti mit einem kalten Sugo, das nach Sommer duftet und erfrischend schmeckt.

Zubereitung

Die Tomaten gut waschen und in sehr kleine Stücke schneiden. Die Mozzarella ebenfalls in kleine Stücke schneiden. Das Basilikum grob hacken und die drei Zutaten in einer kleinen Schüssel gut durchmischen. Nicht salzen, weil die Tomaten sonst wässern! Inzwischen die Spaghetti in ausreichend Salzwasser (man rechnet für 100 Gramm einen Liter Wasser sowie einen Teelöffel Salz) al dente kochen. Die Spaghetti abseihen (nicht abschrecken!), in den Kochtopf zurückgeben und sofort mit dem Olivenöl gut vermischen, damit sie nicht zusammenkleben. Nun

aus den Nudeln auf den Tellern kleine „Nester" formen. In die Mulde gibt man das kalte Sugo. Salzen, eventuell pfeffern – und fertig ist der Traum in Weiß, Rot und Grün. Zu diesem Gericht wird kein Parmesan gereicht!
Dieses Rezept ist eines, das oft zur Sucht führt – hat man es einmal gegessen, dann will man es immer wieder haben.

Farbvariationen

Damit es dennoch nicht langweilig wird, kann man auch variieren: Man kann die Mozzarella weglassen, man kann aber auch statt der roten gelbe Tomaten verwenden. Aus optischen Gründen empfiehlt sich diesfalls die Verwendung von Purpurbasilikum.
Sehr attraktiv wirkt es auch, wenn man dieses Gericht mit den kleinen Cocktail-Tomaten und der ebenso kleinen Baby-Mozzarella macht!

ZUTATEN

2 PERSONEN

300 g Spaghetti
4 EL Olivenöl
200 g Mozzarella
6 Tomaten
1 Handvoll Basilikum
Salz

SALATE

FRISCH, LEICHT UND WÜRZIG

GRAZER KRAUTHÄUPTEL

LACTUCA SATIVA VAR. CAPITATA

Das Grazer Krauthäuptel gehörte sicher nicht zu den bereits in der Antike gezüchteten Salatsorten. Zunächst einmal, weil Graz damals noch nicht existierte, und dann, weil die Eissalate, zu denen das Grazer Krauthäuptel gehört, eine ursprünglich amerikanische Züchtung aus dem 19. Jahrhundert sind. Der Eissalat hat feste, „knusprige" Blätter und ist, wie sein Name eigentlich nicht sagt, gegen Hitze ziemlich resistent, jedoch frostempfindlich. Das Grazer Krauthäuptel ist eine sehr schöne Salatsorte. Die hellgrünen Blätter mit dem rötlichen Rand machen sich nicht nur im Gemüsebeet sehr gut, sondern auch auf dem Teller. Der Anbau dieser alten österreichischen Sorte gelingt meist sehr gut, denn sie ist gegen Hitze (meist das Hauptproblem für den Salat) weitgehend unempfindlich. Das Grazer Krauthäuptel ist bereits in den legendären Bänden der „Scholle-Bücherei" („landwirtschaftliche Monographien") zu Beginn unseres Jahrhunderts unter den „Krach- und Eissalaten" erwähnt: „Die Köpfe werden enorm groß und entwickeln sich langsam." Die Sorte wird vor allem für den Haus- und Kleingarten empfohlen, weil sie wohlschmeckend ist. Gewerbsmäßig wird das Grazer Krauthäuptel selten angebaut, weil es langsam wächst – gut Ding braucht eben Weile.

Will man den ganzen Sommer über seinen eigenen Salat ernten, dann empfiehlt sich folgende Vorgangsweise: Man sät ab Februar im Abstand von etwa drei Wochen die Samen in Torftöpfchen aus. Später, im Freiland, behält man den gleichen Pflanzrhythmus bei. So hat man die ganze Saison über reifen Salat (und muß nicht 80 Köpfe gleichzeitig essen!). Beim Säen des Salats ist zu beachten, daß die Samen bei Temperaturen über etwa 20°C eine Keimhemmung entwickeln können. Im Sommer sollte man also abends säen.

1) AUSSAAT: ab Februar Vorkultur in Torftöpfchen, von Mai-Juli Direktsaat in Reihen, 0,5-1 cm tief, später (bei kühlem Wetter!) auf etwa 35x35 cm Abstand vereinzeln. Kann auch in Blumenkästen gezogen werden. 2) BODEN: humoser, lockerer, am besten ph neutraler Gartenboden. 3) KLIMA: Zuviel Hitze und zuviel Nässe können dem Salat schaden. 4) PFLEGE: Wurzelhals von Erde freihalten. Nicht zu oft bewässern, lieber selten und gründlich, aber nur die Erde, nicht die Pflanze! Unkraut entfernen. 5) ERNTE: den Salatkopf mit einem Messer abschneiden. 6) LAGERUNG: am besten frisch genießen, sonst einige Tage im Kühlschrank haltbar.

Salat

Salat ist eine der ältesten Kulturplanzen überhaupt. Erhaltene Bilder und schriftliche Überlieferungen belegen seinen Anbau sowohl im Ägypten der Pharaonen als auch im antiken Griechenland und im alten Rom.
Dort galt Salat als Heilpflanze und als „tugendfördernd", weil er beruhigt und das Gemüt milde stimmt. Kaiser Augustus widmete dem Salat sogar ein eigenes Denkmal!

Seinen lateinischen Namen „Lactuca" verdankt der Salat der weißen Milch (lat. „lac, lactis") in seinen frischen Stengeln. Diese Milch galt als außerordentlich heilkräftig und wurde bei Magenschmerzen verabreicht.

Woher der Name Salat kommt, kann nur vermutet werden. Sehr wahrscheinlich ist, daß die Bezeichnung mit dem italienischen „salare", salzen, zu tun hat, was darauf hindeutet, daß man auch schon früher den Salat gesalzen hat. Da der Salat dem Zaunlattich (Lactuca serriola) verwandt ist, wird er in den alten Schriften meistens „Lattich" genannt. So zum Bei-spiel von der hl. Hildegard von Bingen oder von Albertus Magnus. Auch Hieronymus Bock beschreibt in seiner 1551 erschienenen Botanik verschiedene Sorten von Zuchtsalat („drei zahme Arten Lattich"). Er übernimmt von den Römern den Hinweis auf die beruhigenden Eigenschaften des Salats und rät den Klosterleuten ironisch das Salatessen, denn es „vertreibt Geilheit und schandbare Träume. Alle die so Keuschheit zu halten gelobt, sollten nichts denn Rauten und Lattichblätter essen."

Wichtig für jeden Salat

Es ist wichtig, Salat gut zu waschen und auch gut abtropfen zu lassen. Mit einer Salatschleuder geht es noch gründlicher. Der Salat soll trocken sein. Denn erstens vermeidet man damit den wenig erfreulichen „schwimmenden" Salat. Und zweitens haftet dann die Marinade besser an den Blättern. Wir hoffen, auf den folgenden Seiten zeigen zu können, wie gut und abwechslungsreich Salat sein kann, wenn man sich nur ein bißchen Zeit dafür nimmt.

Steirischer Salat
mit Rindfleisch und Kernöl

Kürbiskernöl wird in der Steiermark auch ‚schwarzes Gold' genannt, nicht nur, weil es so gesund ist, sondern auch, weil seine Gewinnung ähnlich schwierig ist wie die des Goldes. Die unzähligen Kerne einer besonderen Kürbisart müssen händisch geerntet und vor dem langsamen Pressen nach uralten Überlieferungen geröstet werden. Zu Kürbiskernöl paßt am besten Apfelessig, wobei es auch hier herausragende steirische Produkte gibt, zum Beispiel einen ‚Apfelbalsamessig', der zwar sündhaft teuer, aber unerhört ergiebig ist.

Zubereitung

Das Rindfleisch (Tafelspitz oder Kugel, Ochsenschlepp oder Schwanzstück, Schulterscherzel oder Hochrippe) wird gekocht wie in dem Rezept für Bollito misto angegeben (siehe unter „Schnittknoblauch"). Danach läßt man das Fleisch ein wenig auskühlen und bereitet inzwischen den Salat vor. Dazu den Salat putzen, waschen und gut abtropfen lassen. Die Kürbiskerne in einer Pfanne ohne Öl leicht anrösten. Die Zwiebel schälen und in feine Ringe schneiden. Paprika entkernen und in dünne Streifen schneiden. Nun die Marinade aus süßem Senf, Kernöl, Apfelessig, Salz und etwas Zucker anrühren. Das Rindfleisch in Streifen schneiden und am Tellerrand auffächern. Den Salat und die Paprikastreifen mit der Marinade gut vermischen und in die Mitte des Tellers legen. Mit den Zwiebelringen, den gerösteten Kürbiskernen und dem geschnittenen Schnittlauch bestreuen.

Wer will, kann diesen Salat auch mit Kren (Meerrettich) würzen. Ein besonderer Tip: Wer Semmelknödel übrig hat, kann diese fein schneiden und zwischen die Fleischstücke legen. Diese Art von steirischem ‚Knödelcarpaccio' schmeckt überraschend gut!

ZUTATEN

4 PERSONEN

600 g Rindfleisch (siehe Rezept ‚Bollito misto')
1 Grazer Krauthäuptel
1 rote Zwiebel
1 roter u. 1 gelber Paprika
1 Bund Schnittlauch
4 EL Kürbiskerne
6 EL Kürbiskernöl
2 EL Apfelessig
1 EL süßer Senf
Prise Salz, Prise Zucker

LÖFFELKRAUT

COCHLEARIA OFFICINALIS

Löffelkraut wurde früher auch „Skorbutkraut" genannt, weil die kleinen, saftigen, löffelförmigen Blätter dieser genügsamen Pflanze viel Vitamin C enthalten und deshalb gegessen wurden, um der Mangelerkrankung Skorbut vorzubeugen. Auch bei Blasenleiden aß man früher Löffelkraut. Der Zusatz „officinalis" im lateinische Namen der Pflanze weist darauf hin, daß das Löffelkraut zu Heilzwecken verwendet wurde. Heute wird es vor allem wegen seines würzigen, kresseartigen Geschmacks geschätzt. Aber das Vitamin C des Löffelkrauts kann uns auch heute noch in der „Verkühlungszeit" Winter äußerst dienlich sein.

Das Löffelkraut wächst wild an den europäischen Atlantikküsten (vor allem der Nordsee), es ist also ein typischer Küstenbewohner, der feuchtes Klima (es muß nicht unbedingt am Meer sein) liebt. Im Binnenland siedelt sich das Löffelkraut gerne in der Nähe von Salinen an, so eng ist seine Verbindung zum Salz.

Wenn das Löffelkraut nicht genügend Wasser bekommt, dann entwickelt es (zum Beispiel bei starker Hitze) einen salzigen, bitteren Geschmack. Man sollte also auf einen gleichmäßig feuchten Boden achten. Ansonsten ist dieses mehrjährige, frostharte Gewächs aber nicht empfindlich.

Das Löffelkraut ist vielseitig verwendbar: Man kann es als Würze zu Salaten geben, in Suppen und Saucen ähnlich wie Brunnenkresse verwenden oder auch eine Frühlingskräutersuppe damit würzen.

Ein besonderer Feinschmecker-Tip: ein paar Blätter klein hacken und auf ein Butterbrot streuen – ein herzhaftes Vergnügen!

1) AUSSAAT: von März-Mai und/oder von August-Oktober in Reihen mit 30 cm Abstand 1 cm tief, oder in das Balkonkistchen. 2) BODEN: Gartenboden, eventuell auch sandig. 3) KLIMA: Halbschatten ist am besten geeignet. 4) PFLEGE: regelmäßig von Unkraut befreien, gleichmäßig feucht halten. 5) ERNTE: entweder ab August oder im nächsten Frühjahr, auch eine Winterernte ist möglich. 6) LAGERUNG: das ganze Jahr über frisch zu genießen.

„Mesclun"-Salat
mit kandierten Gemüsen

‚Mesclun' ist eine Mischung verschiedener Salate, die in der südfranzösischen Provence sehr gerne gegessen wird. Da es kein fixes Rezept gibt, kann man seinen eigenen ‚Mesclun' selbst zusammenstellen. Wichtig ist, daß er auch dunkle Salatsorten enthält, zum Beispiel Lollo Rosso oder Eichblattsalat. Rucola, französisch roquette genannt, fehlt im Mesclun niemals. Und dann gibt man meist auch einen bitteren Salat in diese Mischung, um deren Aroma abzurunden. Hier eignet sich das Löffelkraut hervorragend.

Aber auch der Hirschhornwegerich paßt gut in die ‚Mesclun'-Mischung. Zu diesem eher herben und aromatischen Salat empfehlen sich die ‚kandierten' Gemüse, die mit ihrer süßscharfen Note dieses Gericht zu etwas ganz Besonderem machen.

Zubereitung

Paprika entkernen und in Streifen schneiden. Fenchel außen ein bißchen schälen, halbieren, den Strunk entfernen und in die Blätter zerlegen. Drei Eßlöffel Olivenöl in einer Pfanne mit der gehackten Peperoncino-Schote heiß werden lassen. Die Gemüse hinzufügen, salzen, zuckern, und alles bei geschlossenem Deckel etwa 15 Minuten braten, bis die Gemüse ein bißchen Farbe angenommen haben und gar sind.

Wenn sie einen stören, kann man die sich lösenden Häute der Paprika entfernen.

ZUTATEN

4 PERSONEN

1 Lollo Rosso
1 Eichblattsalat
2 Handvoll Rucola
2 Handvoll Löffelkraut
1 gelber und
ein roter Paprika
1 Fenchel
1 EL Zucker
5 EL Olivenöl
1 EL Weinessig
1 Knoblauchzehe
1 Schote Peperoncino
Salz

Inzwischen die Salate waschen und gut abtropfen lassen.

Die Marinade aus zwei Eßlöffeln Olivenöl, etwas Essig, Salz und einer klein gehackten Knoblauchzehe anrühren.

Salat und Marinade gut durchmischen, die kandierten Gemüse darüberlegen, das Olivenöl aus der Pfanne darübergießen und servieren, am besten mit einer frischen Baguette.

Feldsalat & Löffelkraut
mit Hühnerlebern in Portweinsauce

Wenn der Herbst naht, dann beginnt die Saison des Feldsalats, in Österreich Vogerlsalat genannt. Er ist winterhart und kann deshalb das ganze Jahr über angebaut werden. Sein fast süßliches Aroma (in Frankreich heißt er ‚doucette', von ‚doux', mild) harmoniert mit dem aromatischen Geschmack des Löffelkrauts, das ebenfalls den ganzen Winter über zur Verfügung steht. Beim Feldsalat ist darauf zu achten, daß man frische Ware bekommt, denn sonst wird er leicht lasch. Er läßt sich aber auch leicht im Garten oder im Balkonkistchen selbst ziehen.

Zubereitung

Den Feldsalat in viel Wasser gründlich waschen und zerpflücken. Das Löffelkraut ebenfalls waschen und mit dem Feldsalat vermischen. Beides gut abtropfen lassen. Die Hühnerlebern kurz mit kaltem Wasser abspülen und in mundgerechte Stücke schneiden. Die Zwiebel schälen und fein schneiden. In einer Pfanne die Butter zerlassen und die Zwiebel darin glasig werden lassen.

Inzwischen die Salatsauce aus Olivenöl, Sherryessig und Salz anrühren.

Die Hühnerlebern zu der Zwiebel geben, bei größerer Hitze etwa zehn Minuten rösten, bis sie braun sind. Mit dem Portwein löschen, den Saft noch weitere fünf Minuten reduzieren lassen. Salzen, pfeffern. Nun erst den Salat mit dem Dressing vermischen und auf Tellern anrichten. Die Hühnerlebern darüberlegen und den Salat gleichmäßig mit der Portweinsauce beträufeln. Dazu reicht man am besten frisches Brot.

Wer keinen Portwein auf Lager hat, der kann für dieses Rezept auch einen halbsüßen Sherry verwenden.

ZUTATEN

2 Personen

150 g Feldsalat
3 Handvoll Löffelkraut
200 g Hühnerleber
1 kleine Zwiebel
2 EL Butter
2 EL Olivenöl
2 TL Sherryessig
4 cl Portwein
Salz & Pfeffer

Salat mit Löffelkraut
& Garnelen in Soja-Honig-Dressing

Dies ist ein etwas extravagantes, aber sehr schnell zubereitetes Rezept, das durch die verwendeten Zutaten einen leicht asiatischen Anstrich bekommt. Man kann dafür Garnelen oder Riesengarnelen verwenden, je nachdem, was man gerade frisch bekommt. Aber auch gegen Tiefkühlware ist in diesem Fall nichts einzuwenden. Weniger gut eignen sich Shrimps, weil sie in dem Salat optisch und geschmacklich ,verschwinden' würden. Die ,Meerespflanze' Löffelkraut paßt jedenfalls hervorragend zu verschiedenen Arten von Fisch.

Zubereitung

Den Knoblauch sowie die Ingwerwurzel schälen und fein schneiden. In einer Pfanne einen Eßlöffel Sesamöl erwärmen, Knoblauch und Ingwerwurzel kurz darin anschwitzen, die Garnelen hinzufügen, salzen. Bei geschlossenem Deckel etwa zehn Minuten dünsten lassen. Falls die Garnelen Wasser lassen, gegen Ende der Garzeit bei geöffnetem Deckel und größerer Hitze dieses verdampfen lassen.

Die Salate waschen und gut abtropfen lassen. Die Marinade bereiten: dazu das Sesamöl, die Sojasauce (am besten eine süßliche, indonesische), den Honig sowie den Apfelessig gut verrühren. Salz ist nicht vonnöten, es ist genügend davon in der Sojasauce enthalten! Koriander und Schnittknoblauch (siehe die entsprechenden Kapitel) fein hacken und ebenfalls in die Marinade geben.

Nun noch den Knoblauch und den Ingwer aus der Pfanne in die Marinade mischen. Diese gut mit dem Salat vermengen, die Garnelen darüberlegen – und schon haben wir den Salat!

ZUTATEN

2 PERSONEN

1 Salat (Eissalat, Frisée oder andere Sorten nach Belieben)
2 Handvoll Löffelkraut
200 g Garnelen
2 Knoblauchzehen
2 cm Ingwerwurzel
3 EL Sesamöl
1-2 TL Sojasauce
2 TL Honig
1 TL Apfelessig
3 TL Schnittknoblauch
3 TL Koriander
Salz

Garnelen & Löffelkraut
& Sojasauce & Co.
eine exotisch anmutende
Augen- und Gaumenfreude.

HIRSCHHORNWEGERICH

PLANTAGO CORONOPUS

Der Hirschhornwegerich wird all jene begeistern, die in Salatmischungen eine bittere Note schätzen. Diese uralte Kulturpflanze mit ihren hübschen Blättern ist nicht nur eine Zierde für den Garten, sondern durch ihren würzigen Geschmack auch eine Bereicherung für den Speisetisch.

Der Hirschhornwegerich, auch Hirschhornsalat genannt, bietet noch einen anderen Vorteil: Als robuster „Wintersalat" hält er auch niedrige Temperaturen aus und liefert in der kalten Jahreszeit Frische und Vitamine. Die langen, hellgrünen, fleischigen Blätter werden vor allem in Frankreich und in Italien, wo der Hirschhornwegerich oft in den „misticanze" (Mischungen aus wilden und Kultursalaten) verwendet wird, sehr geschätzt.

Der Hirschhornwegerich stammt wahrscheinlich aus dem Mittelmeergebiet, wo er auch als Wildpflanze vorkommt.

Kulturformen dürften schon sehr lange existieren. Camerarius erwähnt ihn bereits 1586; den vielen Erwähnungen in botanischen Lehrbüchern nach zu schließen dürfte er im 16. und 17. Jahrhundert in kaum einem Hausgarten gefehlt haben. Auch in England schätzte man den „Buckshorn Plantain" sehr. Der Botaniker Ray erwähnt ihn 1686 als bedeutende Kulturpflanze, und sein Kollege Townsend berichtet 1726, daß die Samen in allen Aussaatkalendern erwähnt wären. Ein Bild aus jener Zeit beweist, daß der Hirschhornwegerich vor rund 300 Jahren auch nicht anders ausgesehen hat als heute.

Am besten schmecken die jungen Blätter des Hirschhornwegerichs, deshalb empfiehlt es sich, laufend zu ernten, damit stets Blätter nachwachsen können. Ältere Blätter werden hart und bitter. Blanchiert geben sie aber immer noch ein gutes Gemüse ab.

1) AUSSAAT: April (für Sommerernte)-Oktober (für Frühjahrsernte) breitwürfig ins Freiland oder ins Balkonkistchen. 2) BODEN: normaler Gartenboden. 3) KLIMA: anspruchslos. 4) PFLEGE: regelmäßig von Unkraut befreien. Dadurch wird auch die Ernte einfacher. 5) ERNTE: Die jungen, etwa 10 cm hohen Blätter werden geschnitten. 6) LAGERUNG: am besten frisch genießen, sonst bis zu drei Tagen im Kühlschrank.

Mach mich an!

Salate sind etwas so Feines, daß man die Saucen und Marinaden dazu nur aus den besten Zutaten herstellen sollte. Besonders wichtig ist das Öl, das nicht nur den Geschmack des Salats bestimmt, sondern auch für die Gesundheit des Menschen eine herausragende Rolle spielt. Jeder, der einmal gelesen hat, wie industriell erzeugte Öle unter großer Hitze und Einsatz eines halben Chemielabors entstehen, würde sie nie wieder anrühren. Also: nur kaltgepreßte Öle verwenden. Der Ölklassiker ist zweifellos das Olivenöl, wobei beim Kauf auf das Attribut „natives Olivenöl extra" (bzw. „extra vergine", „vierge extra" oder „virgen extra") zu achten ist.

Seltene, aber für viele Salate ausgezeichnet geeignete Ölspezialitäten sind Steirisches Kürbiskernöl, Walnußöl, Mohnöl, Distelöl (zwei „Weltmeister" in lebenswichtigen, mehrfach ungesättigten Fettsäuren) oder Sesamöl. Hier ist es ratsam, einfach ein bißchen zu experimentieren. Aber nicht alle Öle auf einmal kaufen, denn kaltgepreßte Öle sind nicht endlos haltbar und sollten daher am besten im Kühlschrank gelagert werden. Besonders erwähnenswert scheint mir eine Wiederentdeckung der letzten Zeit, das Weintraubenkernöl. Es ist äußerst bekömmlich, von mildem, fast süßlichem Geschmack und – wie man sich vorstellen kann – nicht ganz billig. Aber es lohnt ganz gewiß, ein Fläschchen dieser Spezialität auszuprobieren, die bereits im Mittelalter als Heilmittel und Delikatesse berühmt war.

Auch Essig ist nicht gleich Essig. Großer Beliebtheit erfreut sich in letzter Zeit der Balsamessig (aceto balsamico), was zur Folge hat, daß man nun allerorten billige, mit Zuckercouleur und künstlichem Holzfaßaroma versetzte Fläschchen bekommt. Echten Balsamessig erkennt man meist an seinem Preis, und ganz alte, wertvolle Sorten eignen sich auch gar nicht zum Marinieren von Salaten, sondern eher zum Verfeinern von Saucen. Den aufgemotzten Kunstprodukten ist ein „ehrlicher" Wein- oder Apfelessig vorzuziehen. Besonders sollte man auf eine natürliche Vergärungsmethode achten. Der Essig ist dann zwar manchmal trüb, aber den Kenner kann das nur erfreuen, denn natürlich vergorener Essig ist milder und enthält vor allem noch die gesundheitsfördernden Eigenschaften dieses uralten Würz- und Konservierungsmittels.

Senf macht sich in vielen Salatmarinaden sehr gut, wobei hier jeder bessere Supermarkt schon viele Sorten bereithält. Für Kürbiskernölmarinaden empfiehlt sich besonders der „ordinäre" österreichische Kremser Senf, als deutsches Pendant dazu Weißwurstsenf. Honigsenf steuert einen süßlichen Ton bei, Estragonsenf (französischer, grünlicher!) eignet sich für Kräutermarinaden, Meerrettichsenf ist für deftigere Salate geeignet. Auch durch den Senf läßt sich also jeden Tag eine andere Note in den Salat zaubern.

Puten-Saltimbocca
mit Hirschhornsalat

Saltimbocca ist eine römische Spezialität, die man klassischerweise mit Kalbschnitzel macht. Da das Essen von Kälbern aber nicht jedermanns Sache ist, haben wir dieses Rezept abgewandelt und können garantieren: Mit Putenfleisch schmeckt die Saltimbocca alla romana genauso gut. Sie springt förmlich in den Mund - das jedenfalls bedeutet die wörtliche Übersetzung von ‚Saltimbocca'.

Zubereitung

Die Putenschnitzel mit kaltem Wasser abspülen. Die Schnitzel vorsichtig flachklopfen, am besten mit einem Schnitzelklopfer, wobei man auf das Fleisch einen Gefriersack legt, damit die Fleischstruktur nicht beschädigt wird. Auf jedes Schnitzel legt man nun ein frisches Salbeiblatt und ein dünn geschnittenes Scheibchen Parmaschinken. Beides befestigt man mit einem Zahnstocher am Fleisch, im Stecknadelprinzip, damit man das Fleisch beidseitig anbraten kann. In einer Pfanne drei Eßlöffel Butter zerschmelzen lassen, und, wenn diese heiß ist, die

Schnitzel hineinlegen. Bei relativ starker Hitze beidseitig anbraten, wenig salzen (der Schinken ist bereits sehr salzig!) und ein bißchen pfeffern. Wenn das Fleisch auf beiden Seiten Farbe angenommen hat (4-6 Minuten), die Pfanne vom Herd nehmen, mit einem Deckel versehen und das Fleisch ein paar Minuten ruhen lassen. (Putenfleisch muß durchgebraten sein, aber jede Minute zuviel Bratzeit macht es trocken. Daher: dünn klopfen und so kurz wie möglich braten!)

Inzwischen den Salat vorbereiten: junger Hirschhornwegerich pur! Dieser wird gewaschen, gut abgetropft und auf Tellern angerichtet. Nach italienischer Sitte stellt man Olivenöl, Weinessig und Salz auf den Tisch, so daß jeder den Salat frisch marinieren kann, wie er gerne will.

Die Schnitzel auf vorgewärmten Tellern mit dem entstandenen Saft anrichten.

Als andere Beilagen eignen sich Brot oder Bratkartoffeln oder, je nach Saison, auch grüne Bohnen, Spargel oder Erbsen.

4 PERSONEN

8 Putenschnitzel von
etwa 80-100 g
8 frische Salbeiblätter
50 g Parmaschinken
3 EL Butter
Salz, Pfeffer
Hirschhornwegerich,
Weinessig, Salz und
Olivenöl nach Belieben

Salade niçoise

DER EVERGREEN AUS NIZZA

Zubereitung

Die grünen Bohnen putzen, waschen und in Salzwasser etwa 10-15 Minuten blanchieren. Danach kalt abschrecken. Die Eier 15 Minuten kochen, mit kaltem Wasser abschrecken und schälen. Die Tomaten waschen und in Viertel oder Achtel schneiden. Den Paprika entkernen und in Streifen schneiden. Die Zwiebel schälen und in feine Ringe schneiden. Den Salat und den Hirschhornwegerich waschen und gut abtropfen lassen. Die Sardellenfilets fünf Minuten wässern und danach gut abtropfen lassen. Den Thunfisch entweder frisch mit Salz und Pfeffer in Olivenöl braten, oder aber aus der Dose nehmen und ebenfalls gut abtropfen lassen. Nun die Vinaigrette zubereiten: Dazu die fein gehackten Knoblauchzehen, den Essig , eine Prise Salz und den Senf vermischen, nach und nach das Olivenöl einrühren und cremig schlagen (mit einer Gabel oder dem Schneebesen).

ZUTATEN

4-6 PERSONEN

6 EL Olivenöl
4 Knoblauchzehen
1-2 EL Weinessig
Salz
2 EL Dijon-Senf
300 g Thunfisch
8 Sardellenfilets
300 g Grüne Bohnen
1 Kopf Salat nach Wahl
3 Handvoll
Hirschhornwegerich
1 rote Zwiebel
1 gelber Paprika
4 Tomaten
2 Eier
50 g Oliven

Zum Schluß den Salat in einer großen, eher flachen Schüssel anrichten: zunächst den Kopfsalat, dann den Hirschhornwegerich, die grünen Bohnen, die Paprikastreifen, die Zwiebelringe, den Thunfisch, die Sardellen, die Eier und die Oliven (am besten nimmt man dazu die kleinen Nizzaer). Alles gleichmäßig mit der Vinaigrette begießen und servieren. Am besten, man stellt noch eine kleine Saucière mit zusätzlicher Vinaigrette auf den Tisch, damit sich die Gäste selbst bedienen können.

Bunt wie der Markt von Nizza

Auch der Hirschhornwegerich hat, wie das Löffelkraut, eine ganz besondere Beziehung zum Meer. Deshalb paßt er besonders gut in die Salade niçoise. Diese ursprünglich in der südfranzösischen Hafenstadt Nizza beheimatete Spezialität bekommt man mittlerweile auf der ganzen Welt serviert, allerdings oft in äußerst zweifelhafter Qualität.

Wichtig ist bei der Salade niçoise weniger was drinnen ist (die Mischung variiert auch in Nizza beträchtlich) sondern vor allem die Frische und Qualität aller Zutaten. Wer über einen Garten oder zumindest ein paar Balkonkistchen verfügt, hat hier einen beträchtlichen Vorteil.

Der Haken am Thunfisch

Ein Wort noch zum Thema Thunfisch: Er gehört einfach in die Salade niçoise, obwohl er leider zu den ökologisch zweifelhaften Produkten (Massenfischerei, Quecksilbergehalt) zählt. Daran ändert sich auch nichts, wenn man frischen Thunfisch kauft und diesen, kurz gegrillt oder gebraten, für den Salat verwendet. Am besten also man erkundigt sich genau, woher der Thunfisch stammt und wie er gefangen wurde. Es gibt zum Beispiel einige portugiesische Produzenten, die einen nicht-industriellen Thunfischfang garantieren. Der zweite Vorteil neben dem für die Natur: Dieser Thunfisch schmeckt auch besser. Der Nachteil: Er ist naturgemäß teurer als die Massenprodukte. Aber so oft ißt man die Salade niçoise ja auch wieder nicht ...

ENDIVIENSALAT

TRÈS FINE MARAÎCHÈRE
CICHORIUM ENDIVIA VAR. LATIFOLIUM

Endiviensalat, ein enger Verwandter unserer heimischen Wegwarte, war schon im alten Ägypten bekannt, wenn auch wahrscheinlich nicht die Sorte „très fine maraîchère", wörtlich etwa mit „die sehr Feine aus dem Gemüsegarten" zu übersetzen. Den Namen verdankt sie den im Gegensatz zu anderen Endivien- und Zichoriensorten feineren Blättern, und wohl auch dem feineren, zartbitteren Geschmack.

Sorten mit krausen, feineren Blättern dürften in Mitteleuropa schon sehr lange heimisch sein. Tabernaemontanus erwähnt sie jedenfalls bereits in seinem berühmten, 1588 in Frankfurt erschienenen Kräuterbuch.

Wurde die Endivie in früherer Zeit vor allem gekocht oder gedünstet verwendet, übrigens auch zu medizinischen Zwecken (bei Magenschwäche), so genießt man sie heute am liebsten roh als Salat.

Endiviensalat ist zwar meist nicht so winterhart wie etwa das Löffelkraut oder der Hirschhornwegerich, aber leichten Frost verträgt auch er. Dadurch eignet er sich auch für späte Kulturen, wobei er bei abnehmender Sonneneinstrahlung langsamer wächst. Aber bei halbwegs günstigen klimatischen Bedingungen ist es möglich, bis in den November hinein Endiviensalat zu ernten – eine willkommene Frische- und Vitaminquelle für die herbstliche Küche! (Abdecken mit Vlies verhindert Ernteschäden, die etwa ab -4°C auftreten können.) Stichtag für den Anbau der „späten Ernten" ist traditionell Mariä Himmelfahrt, der 15. August. Ob Rucola, Endiviensalat, Feldsalat oder Radieschen: Ab diesem Tag sollte mit der Aussaat begonnen werden.

---

1) AUSSAAT: von Juni-August in Reihen mit 30 cm Abstand, später auf 30 cm Pflanzenabstand vereinzeln. 2) BODEN: lockerer, nicht zu reichhaltiger, annähernd ph-neutraler Gartenboden. 3) KLIMA: anspruchslos, bei Hitze verstärkt bitterer Geschmack. 4) PFLEGE: hacken, Unkraut entfernen, bei Trockenheit gießen. 5) ERNTE: den Salat mit einem Messer abschneiden. 6) LAGERUNG: am besten frisch genießen, sonst einige Tage im Kühlschrank haltbar.

Endiviensalat
mit Nüssen und Gorgonzola

EIN GESCHMACKVOLLER HERBSTBEGINN

Ein typischer Salat für Herbsttage: Die Endivie und die Walnüsse läuten schon die kühlere Jahreszeit ein. Dazu passen Weintrauben (aus optischen Gründen rote), Kerbel (wächst in jedem Garten und auch im Balkonkistchen gut!) sowie Gorgonzola oder eine andere Art von schnittfestem Blauschimmelkäse, etwa Fourme d'Ambert oder schlicht Osterzola.

Zubereitung

Die äußeren Blätter des Endiviensalats entfernen, den harten Strunk wegschneiden, die Blätter zerpflücken, waschen und gut abtropfen lassen. Den Kerbel von groben Stengeln befreien und waschen. Die Weintrauben abrebeln und ebenfalls waschen. Nun die Marinade anrichten: dazu den Essig, den Honigsenf und das Salz verrühren. Nach und nach das Weintraubenkernöl einrühren und die Sauce mit einer Gabel oder mit dem Schneebesen cremig rühren (sie haftet dadurch besser an den Salatblättern!).

Den Salat auf Tellern anrichten: die Blätter auflegen, den Kerbel darüberstreuen, die geviertelten Nüsse sowie den in etwa 1 cm große Würfel geschnittenen Käse gleichmäßig auflegen. Die Weintrauben halbieren, eventuell entkernen und auch auf dem Teller drapieren.

Die Marinade extra servieren und erst bei Tisch über den Salat träufeln. Zu diesem aromatischen Salat passen Schwarzbrot, Weißbrot oder Toast.

ZUTATEN

2 PERSONEN

1 Endiviensalat
5 Walnüsse
12 rote Weintrauben
150 g Gorgonzola
1/2 Bund Kerbel
2 EL Weintraubenkernöl
2 TL Weißweinessig
2 TL Honigsenf
Salz

Herbstsalat
mit Kartoffeln und gemischten Pilzen

Salat und Pilze sind eine zwar wenig gebräuchliche, aber köstliche Kombination. Die gemischten Pilze können Wildpilze wie Eierschwammerln (Pfifferlinge), Täublinge und Steinpilze sein, oder auch kultivierte Pilze wie Champignons oder Austernpilze, die ebenfalls sehr gut in diesem Salat schmecken. Dazu paßt sowohl Walnußöl als auch kaltgepreßtes Sonnenblumenöl sehr gut. Um das Aroma der Pilze hervorzuheben, eignet sich auch Olivenöl.

Die Kartoffeln weichkochen, kalt abschrecken und schälen. Die Pilze putzen. Pfifferlinge eventuell kurz mit kaltem Wasser abspülen und vierteln. Die anderen Pilze in Scheiben von etwa einem halben Zentimeter Durchmesser schneiden. Die Knoblauchzehen schälen und vierteln. In einer Pfanne die Butter zerschmelzen lassen, die

Knoblauchzehen und die Pilze hinzufügen und ohne Deckel etwa zehn Minuten bräunen lassen. Salzen. Pfeffern. Erst wenn das ganze eventuell vorhandene Wasser verdampft ist (hängt von der Feuchtigkeit der Pilze ab), die in Scheiben geschnittenen Kartoffeln hinzufügen und einige Minuten mitbraten lassen.

Inzwischen den Salat putzen, waschen und gründlich abtropfen lassen. Die Marinade aus Balsamessig, Salz und Olivenöl anrühren. Gut mit dem Salat vermischen. Aus den Pilzen und den Kartoffeln einen Kranz am Tellerrand bilden, in der Mitte den Salat ausbreiten.

Frische Kräuter empfehlen sich zu dieser Salatvariation eher nicht, denn sie könnten das feine Aroma der Pilze zudecken.

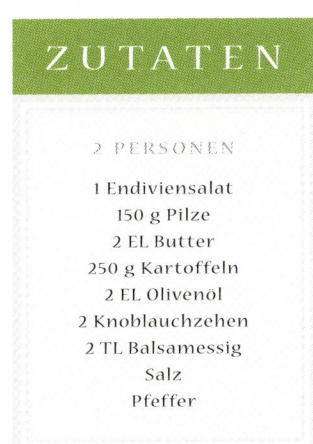

ZUTATEN

2 PERSONEN

1 Endiviensalat
150 g Pilze
2 EL Butter
250 g Kartoffeln
2 EL Olivenöl
2 Knoblauchzehen
2 TL Balsamessig
Salz
Pfeffer

Endiviensalat
& Entenbruststreifen in Cassiscreme

Keine Angst vor diesem Rezept! Es ist wirklich sehr einfach zu kochen. Entenbrüste (meist Barbarieentenbrüste) gibt es in großen Supermärkten oder in guten Feinkostläden. Der Fleischer besorgt aber sicher auch gerne welche. Das einzige Problem könnte die „Crème de Cassis' darstellen, ein süßer Likör von Schwarzen Johannisbeeren, der, wie so viele Spezialitäten, aus der französischen „Freßhauptstadt' Dijon stammt. Meist muß man aber nicht sehr lange suchen, bis man die Crème de Cassis findet, denn schließlich bildet sie auch eine wichtige Zutat für Kir und Kir Royal.

Zubereitung

Die Entenbrüste am Vorabend kalt abwaschen, salzen, pfeffern, in ein Gefäß legen, mit einem Deckel oder einem Teller abdecken und mit einem Gegenstand beschweren, zum Beispiel mit einem Mörser. Diese Prozedur macht die Entenbrüste zart und weich! Anderntags die Entenbrüste an der Fettseite gitterartig einschneiden, damit das Fett besser ausbraten kann. Die Sauce vorbereiten: Butter in einer Pfanne zerlassen, mit Mehl stauben, gut verrühren,

mit Rotwein ablöschen und reduzieren lassen. Danach mit Suppe (oder Wasser und Suppenwürfel) aufgießen und wieder reduzieren lassen. Dabei immer wieder die Rückstände vom Pfannenrand abkratzen und einarbeiten. Zum Schluß die Crème de Cassis und einen Schuß Worcester Sauce hinzufügen und noch einmal reduzieren, bis die Sauce cremig ist und eine glänzende Oberfläche hat (insgesamt etwa 60 Minuten).

Die Entenbrüste sind schneller fertig: Sie werden mit der fetten Seite nach unten in eine gute, erhitzte, ungefettete Bratpfanne gegeben. Bei großer Hitze einmal kurz wenden, danach bei mittlerer Hitze braten, so daß die fette Seite knusprig wird und das Fett entweichen kann. Man kann die Entenbrüste auch im Backrohr fertigbraten (15-25 Minuten Bratzeit insgesamt, das Fleisch soll innen noch zart rosa sein!).

Den Salat putzen, waschen, gut abtropfen lassen und mit Sherryessig, Walnußöl und Salz zart marinieren. Gut durchmischen, die aufgeschnittenen Entenbruststücke am Tellerrand auffächern, die Sauce über Fleisch und Salat gießen.

ZUTATEN

2 PERSONEN

1 Endiviensalat
2 EL Walnußöl
2 TL Sherryessig
Salz & Pfeffer
2 kleine Entenbrüste
3 EL Butter
1 TL Mehl
3/16 Liter Rotwein
1/16 Liter Crème de Cassis
3/16 Liter Suppe (oder Wasser & Suppenwürfel)
1 Schuß Worcester Sauce

RUCOLA

ERUCA SATIVA
GARTENRAUKE

Kehren wir am Ende des Salat-Kapitels wieder in den Sommer zurück: Bis vor kurzem kannte sie fast niemand mehr. Jetzt findet man sie wieder auf den Märkten, in den Gärten und auf den Tellern – die Gartenrauke, deren hübscher italienischer Name Rucola sich auch im deutschen Sprachraum eingebürgert hat. Die Rucola ist eine sehr alte Kulturpflanze. Bereits vor 2000 Jahren wurde sie von den Römern als Salatpflanze kultiviert. Rucola galt in der Antike aber auch als Heilpflanze. Sie enthält viel Vitamin C und zahlreiche Mineralstoffe. Man schätzte und schätzt ihren nussigen, aromatischen Geschmack, der – wie übrigens auch die Blattform – ein wenig an Radieschen erinnert. Wie die Radieschen, so kann auch die Rucola scharf werden. Es empfiehlt sich daher, die Pflanze im Frühjahr und im Spätsommer anzubauen. Bei Hitze und viel Sonne blüht die Pflanze zu früh, die Stiele werden haarig, die Blätter dunkler, bitterer und intensiver. Die Rucola eignet sich dann weniger für den Verzehr als Salat, sondern eher zum Würzen. Dasselbe gilt für die wilde Rauke (Eruca vesicaria), die in südlichen Ländern auf vielen Wiesen gedeiht, aber auch bei uns an geschützten Plätzen angebaut werden kann.

Die jungen, frischen Blätter der Rucola können sowohl roh als auch sanft in Olivenöl gedünstet genossen werden. Rucola veredelt alle Arten von gemischten Blattsalaten. Besonders gut paßt sie auch zu Tomaten oder zu einem Salat aus weißen Bohnen. Die Franzosen würzen gerne Saucen damit. Die Italiener verwenden sie in Pasta-Rezepten, entweder in Kombination mit Tomaten oder als „Rucola-Pesto". Dieses macht man so wie das Bärlauch-Pesto (siehe Rezept).

1) AUSSAAT: im Frühjahr und/oder Spätsommer breitwürfig ins Freiland oder ins Balkonkistchen. 2) BODEN: locker und humusreich, eventuell auch sandig, aber nicht zu naß. 3) KLIMA: vor starkem Frost und übermäßiger Nässe bewahren. Hält aber unter Vlies auch -10° C aus! 4) PFLEGE: regelmäßig von Unkraut befreien. Dadurch wird auch die Ernte einfacher. 5) ERNTE: Die jungen, etwa 10 cm hohen Blätter werden geschnitten. 6) LAGERUNG: am besten frisch genießen, sonst bis zu drei Tagen im Kühlschrank.

Blattsalate mit Rucola
und warmem Ziegenkäse

EIN FEST FÜR GAUMEN UND AUGEN

Zubereitung

Die Salate (zum Beispiel Grazer Krauthäuptel, Endiviensalat, Eichblattsalat, Lollo Rosso, Radicchio) sowie die Rucola sorgfältig waschen und gut abtropfen lassen.

Die Baguette in Scheiben schneiden (etwa 3 cm dick), die Rollen mit dem Ziegenkäse ebenso (etwa 1 1/2 cm dick). Die Butter in einer Pfanne erhitzen. Die Brot- und Käsescheiben vorsichtig darin anbraten, wenden. Wenn das Brot golden wird und der Käse langsam zu schmelzen beginnt, die Käse- auf die Brotscheiben legen. Mit ein bißchen Thymian bestreuen und warm halten. (Am besten einen Deckel auf die Pfanne geben.)

Nun den Salat mit dem Olivenöl, dem Balsamessig und dem Salz gut vermischen. Die Marinade kann mit Dijon-Senf verfeinert werden. Salatkräuter empfehlen sich dagegen weniger, weil sie sich mit dem ausgeprägten Geschmack der Rucola „schlagen" könnten. Wichtig: den Salat erst unmittelbar vor dem Servieren mit der Marinade vermischen, weil die Blätter sonst lasch werden und ihre schöne, grüne Farbe verlieren.

Nun den Salat auf den Tellern anrichten und die knusprigen Brotstücke mit dem leicht angeschmolzenen Ziegenkäse darüberlegen.

Dieses Gericht stammt aus Südfrankreich, wo es gerne als Vorspeise serviert wird.

Die ‚Salade au chèvre chaud' ist ein sehr feines, leichtes und einfaches Gericht, das sich für heiße Tage eignet.

ZUTATEN

2-4 PERSONEN

Blattsalate sowie Rucola
nach Lust und Laune
2-4 EL Olivenöl
1-3 TL Balsamessig
Salz
Thymian
1-2 Rollen oder Stücke
Ziegenkäse, etwa 100 g
pro Person
1 Baguette (französisches
Weißbrot)
1 EL Butter

Rucola:
Blatt für Blatt
ein Hochgenuß

97

Penne
mit Rucola und Tomaten

Zubereitung

Die Rucola waschen und gut abtropfen lassen. Die Knoblauchzehen schälen, fein schneiden und in Olivenöl sanft anrösten.

Die Tomaten kreuzweise einschneiden, kurz mit kochendem Wasser überbrühen, schälen, in Würfel schneiden und zum Knoblauch hinzufügen. Leicht köcheln lassen. Salzen, pfeffern. Die Rucolablätter grob hacken. Erst ganz zum Schluß hinzufügen und höchstens eine Minute lang mitköcheln lassen (bei längerem Köcheln verlieren sie Farbe, Geschmack und Vitamine!). Inzwischen die Penne in ausreichend Salzwasser al dente kochen. Abseihen und mit der Rucola-Tomaten-Sauce vermischen. Servieren und mit frisch geriebenem oder, noch besser: geraspeltem Parmesan bestreuen.

Einfach erfrischend – erfrischend einfach

Eine sommerliche Variante dieses Gerichts: Sowohl die Tomaten (man nimmt dann ein paar weniger) als auch die Rucola bleiben roh, nur der Knoblauch wird kurz in Olivenöl erhitzt.

Die Penne werden nach dem Kochen in der Knoblauch-Öl-Mischung geschwenkt und dann gut mit dem kalten Sugo vermischt.

Entscheidend ist, wie bei allen, aber besonders bei den einfachen Gerichten, die Güte der verwendeten ‚Rohstoffe'. Die Rucola aus dem eigenen Garten oder Balkonkistchen sowie die liebevoll handgezogenen Tomaten (am besten ‚San Marzano') sind da gerade richtig.

ZUTATEN

2 PERSONEN

400 g Penne
4 Knoblauchzehen
4 EL Olivenöl
8 große Tomaten
2 Handvoll Rucola
(etwa 100 g)
Salz
Pfeffer oder
Peperoncino
Parmesan

AUS WALD, WIESE UND BALKONKISTCHEN

KRÄUTER UND WILDGEMÜSE

LÖWENZAHN

TARAXUM OFFICINALIS UND
TARAXUM OFFICINALIS HORTENSIS

Löwenzahn, heute meist nur noch der Schrecken aller Rasenpfleger, ist eine uralte Kulturpflanze. Bereits im Mittelalter wurde er in den Kräutergärten der Klöster gezogen, sowohl als Heilmittel als auch als Gemüse. Josef Becker-Dillingen führt eine Quelle aus dem Jahr 1551 an, in der das „Pfaffenröslein" sehr treffend beschrieben wird: „Die Samen fliegen davon ... alsdann stehen die Röslein mit der weißen beschornen runden Platten ledig, wie nackete Mönchsköpf."
Der Löwenzahn ist über die ganze Welt verbreitet. Er wird als Gemüse in den Vereinigten Staaten (vor allem in den Südstaaten) genauso geschätzt wie in Indien oder in Japan. Es gibt große regionale Unterschiede zwischen den verschiedenen Löwenzahnsorten. Manche wurden speziell für das „Treiben" gezüchtet (vor allem belgische Sorten), manche wieder für den Verzehr als Frischgemüse (vor allem krause italienische Sorten).
Auch in Frankreich erfreut sich der Löwenzahn größter Beliebtheit, wie der in Deutschland noch gebräuchliche Name „Franzosensalat" für Löwenzahn verrät.

Die Franzosen wiederum nennen den Löwenzahn, den sie sowohl gebleicht als auch grün genießen, „pissenlit", wörtlich übersetzt „Piss ins Bett", eine Anspielung auf die zweifellos harntreibenden und entschlackenden Eigenschaften des Löwenzahns. Der österreichische Ausdruck „Soachlbleaml" klingt weniger elegant, meint aber dasselbe.

1) AUSSAAT: April bis Juni ins Freiland, 1-2 cm tief in Reihen mit 30 cm Abstand. Pflanzen auf 15 cm Abstand in der Reihe ausdünnen. 2) BODEN: Löwenzahn bevorzugt nahrhafte, gut gedüngte Böden. 3) KLIMA: Löwenzahn gedeiht sowohl bei Nässe als auch bei Trockenheit. 4) PFLEGE: gelegentlich hacken und von Unkraut freihalten. 5) ERNTE und LAGERUNG: frische Blätter aus dem Freiland. Bleichen und Treiben: siehe bitte nächste Seite!

Gemüse aus dem Keller

Natur und Kultur

Der Kulturlöwenzahn (Taraxum officinalis hortensis) unterscheidet sich deutlich von der wilden Form des Löwenzahns (Taraxum officinalis). Während man die Wildform im Frühling auf den Wiesen ernten kann, wird der Kulturlöwenzahn oft ähnlich wie Chicorée behandelt: Im Herbst gräbt man seine Wurzeln aus und läßt sie im Dunkeln austreiben. Der Vorteil des Aufwands: Die bleichen Blätter ergeben einen köstlichen, milden Salat oder, in Olivenöl gedünstet, ein außergewöhnliches Gemüse. Man kann aber die Blätter des Kulturlöwenzahns auch frisch vom Beet genießen. Sie sind meist milder als die im Freiland geernteten Blätter des wilden Löwenzahns, enthalten aber weniger Vitamine.

Bleichen des Löwenzahns

Man bleicht den Löwenzahn, damit er milder wird und seine Bitterstoffe verliert. Die stärksten Pflanzen (die größten Blätter vorher abschneiden) werden im Herbst zu diesem Zweck mit einem großen Topf, Kübel oder einem ganzen Folientunnel bedeckt. Darauf achten, daß die Pflanzen nicht feucht sind! Nun nur noch die Wurzel gießen. Nach 2-3 Wochen ist die Pflanze gebleicht. Man kann aber auch im Herbst die Pflanzen nach Entfernen der größten Blätter mit Erde oder mit Sand 15-25 cm hoch anhäufeln. Beim Ernten sollte man die Mutterwurzel nicht verletzen, da bei günstigen Bedingungen 2-3 Ernten möglich sind!

Treiben des Löwenzahns

Die Löwenzahnwurzeln werden im Herbst geerntet. Man stellt sie in einem Kübel dicht nebeneinander und streut feuchte Erde dazwischen. Nun bedeckt man den Kübel mit einem auf den Kopf gestellten weiteren Kübel oder mit schwarzer Folie. Die Erde immer leicht feucht halten. Im Keller oder in einem dunklen Raum lagern. Bei einer Temperatur von etwa 10-15° C entwickeln sich bleiche, schmackhafte, zarte Triebe, die nach ungefähr drei Wochen geerntet werden können.
Die Wurzeln sollten dabei nicht verletzt werden, dann kann die Ernte den ganzen Winter über fortgesetzt werden!

Löwenzahngemüse

RÖMISCHER ART UND FRANZÖSISCHER ART

Diese Rezepte für Gartenlöwenzahn bringen seinen feinen Geschmack unserer Meinung nach am besten zur Geltung. Bevorzugt man bittere Geschmacksnoten, dann wird man die frischen, grünen Blätter wählen, am besten die krausen der italienischen Sorten. Wer es lieber milder hat, wird gebleichten oder getriebenen Löwenzahn bevorzugen. Ein Blanchieren der Blätter ist in beiden Fällen nicht nötig.

Zubereitung

Römische Art: Den Löwenzahn gut waschen. Eventuell die äußeren Blätter entfernen. Die Knoblauchzehen schälen und in feine Stücke schneiden. In Olivenöl unter Hinzufügung einer Peperoncino-Schote kurz anbraten, danach die zerpflückten Löwenzahnblätter dazugeben. Salzen. Ungefähr 10-15 Minuten dünsten lassen, bis der Löwenzahn weich und eventuell austretendes Wasser verdampft ist. Nicht vergessen, vor dem Genuß die Peperoncino-Schote zu entfernen!

Zu diesem italienischen Gemüse paßt jede Art von gegrilltem oder gebratenem Fleisch, zum Beispiel Schweine- oder Lammkoteletts. Auch Bratwürste eignen sich als Hauptgericht sehr gut. Um stil- und geschmacksecht im richtigen Rahmen zu bleiben, empfehlen sich frische römische Bratwürste (Salsicce).

Französische Art: Man geht genauso vor wie bei der römischen Variante, nur daß man statt des Olivenöls Speck verwendet, den man in Würfel schneidet und in der Pfanne ausläßt (ohne Peperoncino). Man dünstet den Löwenzahn auch nur kurz an, schmeckt mit Salz und Pfeffer ab und serviert ihn als lauwarmen Salat, dem man auch etwas milden Essig hinzufügen kann. Dazu passen frisches französisches Weißbrot und hartgekochte Eier.

ZUTATEN

4 PERSONEN

1 kg Löwenzahn
3 EL Olivenöl
oder 150 g Speck
2 Knoblauchzehen
Salz
Peperoncino oder Pfeffer
aus der Mühle

Kartoffelsalat
mit Löwenzahn und Bärlauch

Dies ist ein einfacher, leicht zu machender Salat, der die Gier nach der Kraft und dem Aroma frischer Kräuter, die im Frühling in uns hochsteigt, vollauf befriedigt. Für dieses Rezept ist der kräftige, wildwachsende Löwenzahn zu bevorzugen. Den Bärlauch kann man auch weglassen.

„Heimat" dieses Salats ist die Steiermark, wo der „Röhrlsalat" mit Kernöl im Frühling eine Art Grundnahrungsmittel darstellt.

Als Kartoffelsorte eignen sich am besten „Naglerner Kipfler" eine sehr speckige oder, wie es im Fachjargon heißt, festkochende Spezies.

Ich kann mich noch erinnern, daß es in meiner Kindheit fast ausschließlich „Kipfler" gegeben hat – ja, „Erdäpfel" und „Kipfler", das waren geradezu Synonyme. Später verschwanden die kleinen, länglichen Kartoffeln mit der unregelmäßigen Form weitgehend. Ich blicke auf ein fast kipflerfreies Jahrzehnt zurück ... Kipfler – sie gelten noch heute als „gefährdete Landsorte" – bekam man nur bei manchen Biobauern, oder, wie ich zu meiner Überraschung entdeckte, auf einem großen Gemüsemarkt in Paris. Doch nun scheint die Wiederkehr der Kipfler nicht mehr aufzuhalten zu sein: Wenn man sich das Angebot in den Supermärkten ansieht, dann entdeckt man immer wieder Kipfler-Kartoffeln! Der langen Rede kurzes Rezept:

Zubereitung

Die Kipfler oder andere festkochende Kartoffeln kochen, bis sie durch sind. Inzwischen die Salatmarinade aus Kürbiskernöl, Apfelessig, Senf, Salz und einer Prise Zucker bzw. Ahornsirup mischen. Rühren, bis sie cremig wird. Die Schalotten fein schneiden und in der Marinade ziehen lassen.

Die gekochten Kartoffeln schälen und noch warm in die Marinade schneiden. Vorsichtig umrühren und eine Stunde ziehen lassen. Inzwischen in den Wald, in den Garten oder auf den Balkon gehen und je 1-2 Handvoll Bärlauch und Löwenzahn ernten. Kräuter gut waschen, grob hacken und unter den Salat mischen. Dieser Salat paßt wunderbar zum ersten Grillfest, zu Bratwürsten – oder einfach zu einem Butterbrot.

ZUTATEN

1/2 kg Kartoffeln (am
besten Kipfler oder ande-
re „Speckige")
2 kleine Schalotten
1-2 Handvoll Bärlauch
1-2 Handvoll Löwenzahn
4 EL Kürbiskernöl
1 EL Apfelessig
2 TL Senf
1 Prise Salz
1 TL Zucker oder
Ahornsirup

Dieser Salat schmeckt am besten mit
Löwenzahn aus Wald und Wiese. Die
Blätter sollten vor der Blüte der
Pflanze geerntet werden, und zwar
am besten abseits der Straßen.

BÄRLAUCH

ALLIUM URSINUM

Der Bärlauch ist in den letzten Jahren vom bespöttelten „Spinat für Arme" zu einer echten Modepflanze geworden. Gerade in den Städten gibt es zur Frühlingszeit quasi keine Essenseinladungen, bei denen nicht zumindest Kanapees mit Bärlauch-Aufstrich gereicht würden. Kein Wunder, daß der Bärlauch sich so großer Beliebtheit erfreut: Er hat einen ausgeprägten, dabei aber milden Knoblauchgeschmack. Er enthält, wie die meisten Frühlingskräuter, die sich ihren Weg an die ersten warmen Sonnenstrahlen bahnen, viel Kraft – wissenschaftlich übersetzt: Er enthält viele Vitamine und Mineralstoffe. Was hinzu kommt: Der Bärlauch ist leicht zu finden. In den Städten auf den Märkten und in den guten Gemüsegeschäften, sonst an halbschattigen Plätzen in Wäldern oder Waldstücken, wo er in richtigen Kolonien auftritt. Gut gedeiht der Bärlauch in der Nähe von Quellen oder an Bachufern,

denn er liebt die Feuchtigkeit. Es gibt allerdings eine Verwechslungsmöglichkeit: Die Blätter des Maiglöckchens sehen denen des Bärlauchs ziemlich ähnlich. Doch die Bärlauchblätter haben eine glänzende Oberseite und eine matte Unterseite; bei jenen des Maiglöckchens verhält es sich genau umgekehrt. An einem Merkmal kann man die beiden Pflanzen buchstäblich blind unterscheiden: am intensiven Knoblauchgeruch, den nur der Bärlauch verströmt.

Man muß sich aber nicht unbedingt auf die Suche nach Bärlauch machen. Es gibt eine andere, ganz sichere und praktische Methode, um zu frischem Bärlauch zu gelangen: Man pflanzt ihn selbst an. Das geht sowohl im Garten (wo der Bärlauch übrigens zum Verwildern neigt!) als auch im Balkonkistchen. Knoblauchduft garantiert!

1) AUSSAAT: Zwiebeln in 1-2 cm Tiefe von August-Oktober. Keimung nach Frosteinwirkung im folgenden Frühjahr.
2) BODEN: Der Bärlauch stellt keine besonderen Ansprüche an die Bodenbeschaffenheit 3) KLIMA: nicht zu heiß und nicht zu sonnig. 4) PFLEGE: Bärlauch ist eine sehr genügsame Pflanze. Wichtig: feucht halten! 5) ERNTE: im März/April/Mai vor der Blüte ab einer Höhe von etwa 10 cm. 6) LAGERUNG: am besten frisch verarbeiten. Als Gewürzkraut kann Bärlauch auch vorgeschnitten und eingefroren werden.

Bärlauchcremesuppe

MIT DER KRAFT DES JUNGEN FRÜHLINGS

Dies ist ein sehr einfaches Rezept, mit dem man im Frühling seine Gäste erfreuen kann – und sich selbst.

Zubereitung

Zwiebel, Karotte und das Stück Sellerie schneiden und mit einer Prise Zucker (das hebt den Geschmack!) in der Butter sanft anbraten.

Inzwischen 1 1/2 – 2 Liter Wasser mit zwei Suppenwürfeln zum Kochen bringen. Verfügt man über dieselbe Menge „echter" Suppe, ist es noch besser.

Die Zwiebel und die anderen Gemüse mit einigen Schöpfern Suppe ablöschen und weichkochen. Die Suppe, die Zwiebel samt Gemüsen, Rahm und Bärlauch mit dem Stabmixer (oder im Mixer) passieren und warmstellen. Das Ganze soll jetzt aber nicht mehr kochen, da der Sauerrahm sonst ausflockt und unansehnlich wird. Die Sahne steifschlagen und mit einem Schneebesen in die Suppe einrühren. Mit Salz und Pfeffer abschmecken, mit einigen gehackten Bärlauchblättern verzieren und heiß servieren.

ZUTATEN

4 – 6 PERSONEN

1 Zwiebel
1 Karotte
1/4 Sellerie
4 Handvoll Bärlauch
2 Suppenwürfel oder
1 1/2 – 2 Liter Suppe
2 EL Butter
1/8 Liter Rahm
1/4 Liter Sahne
Salz
Pfeffer
Zucker

So wird es noch feiner

Man kann diese Suppe zusätzlich verfeinern, indem man geröstete Schwarzbrotwürfel dazu serviert: das Schwarzbrot (es kann auch schon älteres sein) würfelig schneiden und in einer Pfanne mit zerlassener Butter 3-5 Minuten scharf anbraten. Erst kurz vor dem Servieren über die Suppe streuen.

Spaghetti
mit Bärlauch-Pesto

Wir haben uns geschworen, in diesem Buch kein Rezept zu wiederholen, das wir schon in unserem ersten Buch ‚Die Magie der Küche' veröffentlicht haben. Hier ist die Ausnahme. Denn als wieder der Frühling ins Land zog und der Bärlauch zu sprießen begann, gab es bei uns eben jeden zweiten Tag Spaghetti (oder Linguine) mit Bärlauch-Pesto. Dabei könnte man den Bärlauch auch in einem Strudel verarbeiten oder in einer Spaghetti-Sauce mit Schinken und Rahm oder in einem feinen Aufstrich ... allein: Wir finden, daß man Bärlauch nicht besser ‚verwerten' kann als eben gerade so:

Zubereitung

Den Bärlauch waschen und in einem sauberen Geschirrtuch trocknen. Knoblauch, Walnüsse und Bärlauch mit einem Wiegemesser grob zerkleinern. In einem großen Steinmörser die Walnüsse, den Knoblauch, das Salz und den Bärlauch gemein-sam zerstoßen und nach und nach das Öl hinzufügen. Wenn das Ganze zu einer Art Paste geworden ist, den frisch geriebenen Parmesan beigeben. Alles in einen großen Topf leeren, die Sahne hinzufügen und ganz sanft anwärmen.

Inzwischen die Spaghetti in viel Salzwasser al dente kochen. Wasser abseihen und gut mit dem Pesto vermischen. Mit einigen Blättern frischen Bärlauchs verzieren und heiß servieren. Wenn man über keinen Steinmörser verfügt, dann reicht es auch, die Zutaten mit dem Wiegemesser ganz fein zu schneiden. Eilige Küchenhandwerker können selbstverständlich auch auf den Mixer zurückgreifen.

Fast noch besser als Spaghetti passen die leicht abgeflachten Linguine oder Trenette zu diesem Gericht. Linguine haben nur einen Nachteil: Sie sind schwerer zu bekommen als Bärlauch ...

ZUTATEN

2 Personen

300 g Spaghetti
2 Handvoll Bärlauch
3 EL frisch geriebener Parmesan
4 EL ausgelöste Walnüsse
2 Knoblauchzehen
2 EL Olivenöl
3 EL Sahne
Salz

111

SAUERAMPFER

RUMEX ACETOSA – RUMEX ACETOSA VAR. HORTENSIS

Es gibt an die 200 Arten von Ampfer (Rumex). Wir wollen uns deshalb hier auf zwei Haupterscheinungsformen beschränken: den wilden oder Wiesensauerampfer (Rumex acetosa) und seine kultivierte Form, den Gartensauerampfer (Rumex acetosa var. hortensis). Letzterer weist meist etwas üppigere Blätter auf und produziert nicht soviel Säure wie sein wilder Verwandter. Die Sorten reichen von „Großblättrigem Deutschen" über „Lattichblättrigen" und „Goldgelben von Lyon" bis hin zu „Wirsingblättrigem" und „Rundblättrigem" Sauerampfer. Von diesen Sauerampferformen abgesehen gibt es noch einige Varietäten von Gartenampfer (Rumex patienta), wegen seiner Beliebtheit in England auch „englischer Spinat" genannt. Die Heimat des Sauerampfers ist Mitteleuropa. Er gehört zur Familie der Knöterichgewächse. Sauerampfer ist eine ausdauernde Pflanze, die im Garten über mindestens 3-4 Jahre gute Erträge bringt.

Sauerampfer ist vor allem in den nördlichen Ländern sehr beliebt, in Deutschland, Schweden, Norwegen sowie im Norden Frankreichs (der Süden verwendet ihn in der Küche kaum). Sauerampfer ist eine sehr alte Gemüsesorte, weiß auch Waverley Root in seiner „Enzyklopädie der kulinarischen Köstlichkeiten" zu berichten: „In der Antike wurde Sauerampfer nicht angebaut und spärlich verwendet, doch im Mittelalter war er ein beliebtes Salatkraut und Gemüse, obwohl Sauerampferblätter, wie Spinat zubereitet, heutigen Gaumen zu sauer schmecken würden."

Diese typische Säure des Sauerampfers stammt von seinem hohen Oxalsäuregehalt (Menschen mit Nierenproblemen sollten zuviel Sauerampfer meiden!).

Säure – so sagt man – macht fröhlich, und jeder kann sich davon überzeugen, daß das Frühlingskraut Sauerampfer nach einem langen Winter die Lebensgeister wieder erweckt ...

1) AUSSAAT: im März/April oder im August in Reihen mit 20-30 cm Abstand. Später auslichten. 2) BODEN: nährstoffreiche Böden werden bevorzugt. 3) KLIMA: verträgt Schatten und Sonne. 4) PFLEGE: Boden lockern und für mehr Blattertrag aufschießende Blütenstengel abzwicken. 5) ERNTE: bei Augustsaat im Frühling, bei März- oder Aprilsaat 2-3 Monate später. Die Blätter pflücken, niemals schneiden, weil die Pflanze sonst verletzt wird! 6) LAGERUNG: am besten frisch verwenden; Sauerampfer kann auch wie Pesto (siehe Rezept im Kapitel Bärlauch) in Gläser eingemacht werden.

Sauerampfer-Suppe

SOUPE À L'OSEILLE – EINE SPEZIALITÄT AUS FRANKREICH

Bereits im Mittelalter beliebt

Der Gebrauch des Sauerampfers für Suppen und Saucen läßt sich schon für das 14. Jahrhundert nachweisen. Auch damals waren die Franzosen die fleißigsten Sauerampfer-Liebhaber. Doch auch in Deutschland gibt es eine entsprechende Tradition: In manchen schwäbischen Orten zum Beispiel ist wild gesammelter Sauerampfer das traditionelle Gründonnerstagsgemüse. Es wird ähnlich wie Spinat zubereitet und manchmal auch mit Spinat gemischt. Auch die legendäre Magdalena Dobromila Rettigová erwähnt in ihrer ‚Altböhmischen Kochkunst' den Sauerampferspinat. Man kann den Sauerampfer auch roh in Frühlingssalaten genießen. Sein feines Aroma kommt aber, wie wir finden, in der französischen ‚Soupe à l'oseille' am besten zur Geltung. Für dieses Rezept eignet sich sowohl wild wachsender als auch im Garten gezüchteter Sauerampfer. Allerdings sollte bei den wilden Formen je nach Intensität des Krauts auf die Dosis geachtet werden – damit die Suppe nicht zu sauer wird.

Zubereitung

Die kleingeschnittene Zwiebel in der Butter glasig werden lassen. Die Kartoffeln schälen, in kleine Würfel schneiden und etwa zehn Minuten mitdünsten. Mit Hühnersuppe (oder Wasser und Suppenwürfel) aufgießen, einmal aufkochen lassen und dann noch 20 Minuten köcheln lassen. Den Sauerampfer von groben Stengeln befreien und gut waschen. Ein paar Blätter beiseite legen. Die anderen der Suppe hinzufügen und zwei Minuten mitköcheln lassen. Danach das Ganze im Mixer oder mit dem Pürierstab passieren. Die Crème double (oder Crème fraiche) unterrühren. Mit Salz, Pfeffer und Muskat abschmecken. Wieder aufwärmen, heiß servieren und mit den beiseite gelegten Sauerampferblättern garnieren.

3 Handvoll
Sauerampferblätter
(etwa 100 g)
500 g Kartoffeln (mehlig)
1 Liter Hühnersuppe
1 Zwiebel
3 EL Butter
4 EL Crème double
(oder Crème fraîche)
Salz & Pfeffer
Muskat

Sauer macht fröhlich.
Sauerampfersuppe auch.

116

SCHNITTKNOBLAUCH

ALLIUM TUBEROSUM

Der Schnittknoblauch ist eine der vielen Lauch-Arten (Allium), die alle miteinander verwandt sind: Küchenzwiebel (Allium cepa), Bärlauch (Allium ursinum), Schalotte (Allium ascalonicum), Schnittlauch (Allium schoenoprasum), Porree (Allium ampeloprasum) oder Knoblauch (Allium sativum).

Der Schnittknoblauch wird oft als Kreuzung zwischen Knoblauch und Schnittlauch bezeichnet, was er aber nicht ist – er ist eine eigenständige Sorte. Die Bezeichnung „Kreuzung aus Schnittlauch und Knoblauch" trifft zwar botanisch nicht zu, dafür ist sie aber kulinarisch nicht ganz unangebracht. Denn der Schnittknoblauch sieht ähnlich aus wie Schnittlauch; und er schmeckt ähnlich wie Knoblauch, nur um einiges milder.

Der Schnittknoblauch wird manchmal auch „Chinesischer Schnittlauch" genannt; ob er tatsächlich aus China stammt, läßt sich nicht genau nachvollziehen. Tatsache ist, daß er zum Beispiel in Japan wild wächst, und daß er in der asiatischen Küche Verwendung findet. Die anspruchslose und ergiebige Pflanze gedeiht auch in mitteleuropäischen Breiten sehr gut. In der Küche kann Schnittknoblauch (mit Blütenknospen!) wie Schnittlauch eingesetzt werden – etwa zum Würzen von Saucen, Suppen oder Aufstrichen. Sehr delikat schmecken auch die Stengel und Blütenknospen als gedünstetes Gemüse.

Für uns die größte Delikatesse: frisches Schwarzbrot, dick mit Butter bestrichen – und mit fein geschnittenem Schnittknoblauch bestreut!

1) AUSSAAT: im März/April oder im Oktober/November 1-2 cm tief in Reihen mit etwa 30 cm Abstand. 2) BODEN: wächst auf allen Böden, bessere Erträge bei kompostreicher, lockerer Erde. 3) KLIMA: winterharte, beständige Pflanze. 4) PFLEGE: Unkraut jäten; die stärksten Schnittknoblauchpflanzen nach etwa 4 Jahren samt Wurzelballen an einen anderen Platz verpflanzen. 5) ERNTE: das frische Kraut (es wächst sehr schnell) auf Bodenhöhe abschneiden. 6) LAGERUNG: am besten frisch verwenden; kann aber auch geschnitten wie Schnittlauch in einem Einmachglas eingefroren werden.

Salsa Verde & Schnittknoblauchsauce

Zu gekochtem Fleisch aller Art passen Kräutersaucen besonders gut. Zum Bollito misto wird üblicherweise die Salsa Verde, eine italienische Grüne Sauce, gereicht.

Auch eine andere Sauce erfreut sich bei unseren Gästen größter Beliebtheit: Die Schnittknoblauchsauce vereinigt Knoblauch- und Schnittlauchsauce.

Zubereitung

Ähnlich wie die Frankfurter Grüne Sauce (siehe Rezept im Kapitel „Pimpinelle").
Die italienische Salsa Verde enthält außer Kräutern auch Kapern, Sardellen, Knoblauch, Schalotten, Olivenöl und etwas Essig.

Sie wird nicht mit Joghurt, sondern mit hartgekochten Eiern und altbackenem, kurz in Wasser eingeweichtem Brot gebunden. Man kann alle Zutaten im Mixer vermischen oder fein schneiden und gut verrühren.

Zubereitung

Das entrindete, altbackene Weißbrot in der Milch einweichen. Die Eier hartkochen, kalt abschrecken, schälen und in kleine Stücke schneiden. Gemeinsam mit dem gut ausgedrückten Weißbrot im Mixer passieren (kleine Geschwindigkeit). Nach und nach Senf, Zitronensaft, Salz, Zucker, Öl und Rahm hinzufügen, bis das Ganze eine cremige Konsistenz hat.

In eine Saucière umfüllen und den gewaschenen und in kleine Stücke geschnittenen Schnittknoblauch gut unter die Saucen-Basis mischen.

ZUTATEN

SALSA VERDE

CA. 12 PERSONEN

je 2 Bund Petersilie,
Estragon
und Basilikum
100 g Kapern
3-4 kleine Schalotten
4 Knoblauchzehen
4 Sardellenfilets
2 hartgekochte Eier
5 Stück altbackenes
Weißbrot
8 EL Olivenöl
2 EL Balsamessig
Salz
Pfeffer

ZUTATEN

**SCHNITT-
KNOBLAUCHSAUCE**

CA. 12 PERSONEN

4 Bund Schnittknoblauch
5 hartgekochte Eier
5 Stück altbackenes
Weißbrot, Salz
5 EL Milch
1 EL Puderzucker
3 EL Zitronensaft
8 EL Sonnenblumen-
oder Maiskeimöl
5 EL Rahm
2 EL Dijon-Senf

Bollito misto
gemischtes Gesottenes

Das Prinzip des Bollito misto ist denkbar einfach: Verschiedene Fleischsorten werden miteinander gekocht und meist auf dem Servierwagen oder im Topf direkt an den Tisch gebracht.

Der Gast kann dann zwischen den verschiedenen Sorten auswählen. Üblicherweise enthält der Bollito Kalbskopf, Kalbszunge, Kalbshaxe, Schweinefleisch sowie drei Sorten Rindfleisch (Tafelspitz bzw. Kugel, Ochsenschlepp bzw. Schwanzstück, Schulterscherzel bzw. Hochrippe).

Die Zunge sollte übrigens nicht geräuchert sein; bei geräucherter Zunge besteht in dem Fleischgemisch die Gefahr, daß die Suppe sauer wird!

Wichtig im klassischen Bollito, aber meist nur in italienischen Feinkostladen erhältlich, sind der Cotechino, eine deftige Wurst oder, wahlweise, Zampone, ein nicht minder deftiger, gefüllter Schweinsfuß.

Zubereitung

Das legendäre italienische Kochbuch mit dem schönen Titel „Il talismano della felicità" empfiehlt, die Fleischstücke für den Bollito kalt abzuspülen und in leicht brodelndes, gesalzenes Wasser zu legen. Dadurch schließen sich die Poren des Fleisches, und es bleibt saftig und geschmackreich. Die Bollito-Suppe wird ansonsten nur mit etwas Wurzelwerk, einer Zwiebel, zwei oder drei Gewürznelken sowie einer Tomate gewürzt. Das Wasser soll nicht kochen, sondern langsam sieden, etwa drei Stunden lang. Das Fleisch ist dann fertig, wenn man mit einer Gabel ohne größeren Widerstand hineinstechen kann. Dann wird der Bollito serviert – mit der Schnittknoblauchsauce und, klassischerweise, mit einer Salsa Verde (italienische Grüne Sauce). Als sonstige Beilage kredenzt man entweder das mitgekochte Gemüse oder Bratkartoffeln.

ZUTATEN

MIND. 12 PERSONEN

2 Bund Wurzelwerk
1 Tomate, 1 Zwiebel, Salz
3 Gewürznelken
700 g Kalbskopf
700 g Kalbszunge
700 g Kalbshaxe
700 g Schweinefleisch
(Schopf bzw. Kamm)
2 kg Rindfleisch
von versch. Sorten
(Tafelspitz oder Kugel,
Ochsenschlepp
oder Schwanzstück,
Schulterscherzel oder
Hochrippe)
1 Cotechino oder
Zampone

PIMPINELLE

ODER PIMPERNELLE – SANGUISORBA MINOR

Diese alte Gewürzpflanze ist auch als kleiner Wiesenknopf und als Bibernelle bekannt. Wild wächst sie gerne an Wald- und Wegrändern; sie gedeiht aber auch auf allen Gartenböden gut. In den mittelalterlichen Klostergärten wurde Pimpinelle nicht nur wegen ihres guten Geschmacks, sondern auch als damals häufig verwendeter Blutstiller angebaut – der alte Name Blutskraut sowie die lateinische Bezeichnung Sanguisorba („Blut aufsaugend") erinnern noch daran.

Die Pimpinelle ist ein mehrjähriges, in Mitteleuropa heimisches Kraut, das unkompliziert wächst und aus vielen Rezepten für aromatische Gewürzsaucen nicht wegzudenken ist. Warum dieses Würzkraut aus dem Garten Eden im Laufe der Jahre dennoch in Vergessenheit geriet, läßt sich nicht nachvollziehen. Die Pimpinelle verströmt, wenn man sie zwischen den Fingern verreibt, einen ausgeprägten Gurkengeruch. Sie paßt deshalb hervorragend zu Gurkensalat, wobei sie in südlichen Ländern ähnlich wie der Gartenkerbel gerne als Würze für viele Salate verwendet wird. Außerdem verfeinert sie Omelettes, Butterkartoffeln oder Brotaufstriche aus Frischkäse. Sie paßt aber auch in die meisten Kräutersaucen und -suppen. Bereits bei Tabernaemontanus heißt es: „Es ist die kleine Welsch Pimpernell so gemein geworden/daß die Köch deren in der Küchen nicht entbähren wollen/dann sie nicht allein zu den Salaten gebrauchet wird/sondern sie wird auch nützlich mit anderen Mußkräutern zu dem Gemüß und Suppen vermischet."

Wie auch immer man die Pimpinelle verwenden möge – für die berühmte Frankfurter „Grüne Sauce" ist sie unentbehrlich!

1) AUSSAAT: im März/April in Reihen mit 20-30 cm Abstand, später auslichten. 2) BODEN: bevorzugt trockene, leichte, kalkhaltige Böden. 3) KLIMA: sonnige oder halbschattige Lage. 4) PFLEGE: Unkraut entfernen, Boden lockern und eventuell Blütenstände ausschneiden. 5) ERNTE: die jungen Blätter das ganze Jahr über.
6) LAGERUNG: frisch verwenden; kann als „Grüne Sauce" in Gläser eingemacht werden.

Dichter und Gourmet

Johann Wolfgang von Goethe war nicht nur ein großer Dichter und begeisterter Naturforscher, sondern auch ein Liebhaber seltener Pflanzen und raffinierter Gerichte.

Artischocken aus Frankfurt

Es ist bekannt, daß Goethe in seinen Gärten „mit heißem Bemühn" der botanischen Forschung nachging. Weniger bekannt ist, daß er seine Forschungsobjekte auch gerne aufaß. Auf seinem Speiseplan standen viele „Gemüse aus dem Garten Eden", etwa Pastinaken, Cardy, Rucola (Gartenrauke) oder Mangold, dessen baldigen Anbau im Frankfurter Garten er übrigens von Jena aus in einem etwas ungeduldigen Brief vom 10. April 1795 forderte: „Das Säckchen liegt in meiner Bibliothek und Du wirst wohlthun, wenn Du ihn bald in die Erde schaffst." Auch den Bärlauch mochte Goethe sehr, wobei der stark zur Hypochondrie neigende Dichter auch seine gesundheitliche Wirkung schätzte. Goethe wurde übrigens 82 Jahre alt. Aus Frankfurt ließ sich

Goethe im Frühling stets sein Lieblingsgemüse an seinen jeweiligen Aufenthaltsort liefern: Artischocken. Die Blütenstände dieser Distelart gediehen in Goethes Heimatstadt wohl besser als anderswo ...

Frankfurt am Main ist auch der Herkunftsort der berühmten Grünen Sauce, die zu den bekanntesten Spezialitäten der deutschen Küche gehört. Zur Zeit der Frankfurter Buchmesse, in der die schummrigen und gemütlichen Gasthausstuben der Altstadt stets bis auf den letzten Platz besetzt sind, kann ihr Absatz wohl nur in Hektolitern gemessen werden.

Erfinder der Grünen Sauce?

Immer wieder wird Goethe als Erfinder der Grünen Sauce bezeichnet, was allerdings durch nichts zu belegen ist. Daß es seine Lieblingssauce war, das wollen wir den Chronisten gerne glauben. Aber man muß nicht Goethe sein, um diese aromatische und die Sinne ansprechende Sauce zu mögen.

Grüne Sauce

Es gibt sehr viele Rezepte für die Grüne Sauce – man munkelt, soviele wie in Frankfurt Köchinnen und Köche. Man kann sie mit Mayonnaise zubereiten oder mit Crème fraîche oder auch mit einer Mischung aus beidem. Wir bevorzugen die ‚leichte Variante‘ der Sauce mit Joghurt und Olivenöl. Wichtig ist in erster Linie, daß sie sieben Kräuter enthält!

Zubereitung

Die Eier hartkochen, kalt abschrecken, schälen und fein hacken. Die Kräuter von den groben Stielen befreien, waschen und mit einem sauberen Geschirrtuch trockentupfen (oder in einer Salatschleuder trocknen). Danach die Kräuter ganz fein schneiden und mit Joghurt und Olivenöl verrühren. Mit Salz, Pfeffer und Zitronensaft abschmecken. Gut mit den Eiern vermischen – und fertig ist die Grüne Sauce.

Auch die Verwendung eines Mixers ist möglich. Ich kann aber beschwören, daß die Grüne Sauce, wenn man sie so zubereitet wie zu Goethes Zeiten, besser schmeckt als die elektrisch pürierte. Sie hat eine andere Konsistenz und das Aroma der verschiedenen Kräuter bleibt wunderbar erhalten.

Die ‚grie‘ Sooß‘‘ (wie man in Frankfurt sagt) wird üblicherweise zu gekochtem Rindfleisch serviert. Sie schmeckt zu gekochtem Huhn oder Bollito misto (siehe Rezept) aber ebenso gut wie zum Beispiel zu Spargel – oder zu gekochten Kartoffeln. Als stilechtes Getränk empfiehlt sich ein trockener, weißer Frankenwein.

Die angegebenen Kräuter kann man variieren, da alle Zutaten – außer in Frankfurt – nicht immer leicht zu erhalten sein werden. Die feine Pimpinelle aber sollte in der Grünen Sauce keinesfalls fehlen …

ZUTATEN

CA. 4-6 PERSONEN

je 1 Bund Pimpinelle,
Schnittlauch, Kerbel,
Petersilie, Borretsch,
Estragon und Liebstöckel
2 hartgekochte Eier
1 Becher Joghurt
5 EL Olivenöl
2 EL Zitronensaft
Salz & Pfeffer

KORIANDER

CORIANDRUM SATIVUM

Der Koriander stammt wahrscheinlich aus dem Nahen und Mittleren Osten. Syrien wird oft als seine Heimat genannt, aber auch die Hebräer nutzten ihn schon vor langer Zeit. In Ägypten galt die Pflanze als heilig und spielte eine wichtige Rolle bei Opfergaben. Auch medizinischer Gebrauch als magenstärkendes Mittel ist überliefert.

Der Name Koriander stammt vom griechischen „Koris" ab, was soviel wie Wanze bedeutet. Die wenig schmeichelhafte Bezeichnung rührt von dem Geruch her, den vor allem die unreifen Früchte verströmen - welche Wanzenart ähnlich riechen sollte, läßt sich aber nicht eruieren. Parfumhersteller aus aller Welt lassen sich davon jedenfalls nicht abhalten, die ätherischen Öle des Korianders als Bestandteil mancher ihrer Duftmixturen zu verwenden. Der Koriander ist ein einjähriger Doldenblütler. Obwohl die anspruchslose Pflanze aus wärmeren Gefilden stammt, gedeiht sie auch in kühleren Klimazonen gut. In der Küche werden sowohl die frischen, grünen Blätter des Korianders als auch seine etwa pfefferkorngroßen, hohlen Früchte genutzt. In manchen Curry-Mischungen finden auch die gemahlenen Wurzeln des Korianders Verwendung.

Mit den Körnern verfeinert man vor allem Saucen und Suppen; sie sind außerdem ein typisches Brotgewürz. Auch in Gläsern mit eingelegten Gurken fehlen sie selten.

Das frische Kraut des Korianders, das auch als „Cilantro" bezeichnet wird und das eine andere Geschmacksnote als die Körner aufweist, wird vor allem in der indischen, nordafrikanischen und chinesischen Küche („chinesische Petersilie") oft verwendet. Gemeinsam mit der Thai-Küche, in der Koriander ebenfalls eine wichtige Rolle spielt, ist dieses Kraut aus dem Garten Eden auch in Europa in den letzten Jahren wieder ziemlich „modern" geworden.

1) AUSSAAT: im April/Mai in Reihen mit etwa 25 cm Abstand. Später auslichten. 2) BODEN: nährstoffreiche, kalkhaltige und durchlässige Böden sind am besten geeignet. 3) KLIMA: nicht zu kalt und nicht zuviel Regen. 4) PFLEGE: die jungen Pflanzen gut bewässern. Von Unkraut freihalten. 5) ERNTE: das frische Kraut das ganze Jahr über, die Körner ab September/Oktober, wenn sie braun sind. 6) LAGERUNG: am besten frisch verwenden; geschnitten auch in einem Wasserglas 1 Woche haltbar. Kann aber auch gehackt wie Petersilie eingefroren werden. Fruchtkörner: trocknen und in Gläsern aufbewahren.

Asiatische Suppe mit Koriander

„Asiatische Suppe" ist – zugegeben – als Ausdruck genauso unsinnig wie „europäische Suppe". Allerdings ist die Vielfalt der asiatischen Küche selbst für Experten so unüberschaubar, die Harmonien aus süß, sauer, scharf, bitter und salzig mit den bei uns erhältlichen Gewürzen so schwer herzustellen, daß alle entsprechenden Versuche ohnehin zum Scheitern verurteilt wären. Und dennoch packt uns manchmal die Lust auf das „Exotische", und mit einigen wenigen Zutaten (zum Beispiel Koriandergrün) lassen sich mit einfachen Mitteln Gerichte zaubern, die typisch „asiatisch" schmecken – auch wenn sie nicht unbedingt „asiatisch" sind.

Zubereitung

Einen großen Topf mit Wasser (2-3 Liter) zustellen. Das Huhn waschen, die Pilze in Wasser einweichen, das Wurzelwerk putzen und in längliche Stücke schneiden. Wenn das Wasser siedet, das Huhn sowie die Wurzelgemüse und die gewaschenen und grob zerkleiner-ten Pilze (ohne Einweichwasser) beigeben. Etwa eine Stunde leicht köcheln lassen. Danach den in Streifen geschnittenen Paprika, den geschälten und in dünne Scheiben geschnittenen Ingwer, die geputzten und in Ringe geschnittenen Zwiebeln, den Porree sowie die ebenfalls in Ringe geschnittene Chilischote beigeben. Das Wasser aus dem Glas Bambussprossen abgießen und die Sprossen ebenfalls der Suppe hinzufügen. Weitere 30 Minuten köcheln lassen.

Danach das Huhn aus der Suppe nehmen, die Haut entfernen und die fleischigen Stücke von Brust und Keule in Streifen schneiden und wieder in die Suppe legen.

Inzwischen die Glasnudeln zwei Minuten in Salzwasser kochen, Wasser abseihen, Nudeln kalt abschrecken und noch ein paar Minuten in der Suppe ziehen lassen. Die Suppe mit Sojasauce (eventuell auch mit Salz) würzen, mit Sherry abschmecken, mit grob gehacktem Koriandergrün bestreuen und heiß servieren.

ZUTATEN

6-8 PERSONEN

1 Huhn
2 Bund Wurzelwerk
1 Stange Porree
1 Bund junge Zwiebeln
1 scharfe, frische Chilischote
1 roter Paprika
frischer Ingwer (3-4 cm)
20 g getrocknete Wolkenohrpilze
100 g Bambussprossen
4 Stangen Koriandergrün
4-8 EL Sojasauce
2 EL Sherry
50 g Glasnudeln

Gebratener Reis
mit Huhn und Koriander

Am besten gelingt dieses Gericht in einem gußeisernen Wok, den man über einer Gasflamme stark erhitzt. Aber auch mit einer guten anderen Pfanne wird es tadellos gelingen. Da sehr schnell gekocht wird, sollten alle Zutaten bereits vorbereitet sein.

Zubereitung

Die Hühnerbrüste waschen und in mundgerechte Stücke schneiden. Den Ingwer schälen und reiben. Hühnerbrüste und Ingwer mit der Sojasauce und dem Honig gut vermischen und ziehen lassen (2-3 Stunden). Den Reis (am besten Basmati- oder Jasminreis) waschen; danach kochen oder dämpfen, kalt abspülen und gut abtropfen lassen (das Gericht sollte keinesfalls breiig, sondern schön locker sein).
Knoblauchzehen und Schalotten putzen und in feine Scheiben

bzw. Ringe schneiden. Chilischote ebenfalls in Ringe schneiden. Paprika entkernen und in dünne Streifen schneiden. Den Wok oder die Pfanne erhitzen.
Das Öl hinzufügen und sehr heiß werden lassen. Das marinierte Hühnerfleisch in zwei bis drei Durchgängen scharf anbraten, gebratene Stücke im Rohr warmstellen. Eventuell Öl nachgießen.

Nun Knoblauch, Schalotten, Paprika und Chili anrösten. Den gut gelockerten Reis hinzufügen und scharf anbraten. Ganz zum Schluß die Hühnerbruststücke und das gehackte Koriandergrün unter das Ganze mischen. Salzen und sofort servieren.

Man kann dieses Gericht wahlweise auch mit Schweine- oder Putenfleisch machen.

ZUTATEN

4 PERSONEN

500 g Hühnerbrustfilet
4 Knoblauchzehen
4 kleine Schalotten
4 cm frischer Ingwer
4 EL Sojasauce
1 TL Honig
1 frische scharfe
Chilischote
1 roter Paprika
4 Tassen Reis
(gekocht etwa 500 g)
Salz
3-5 EL Frittieröl
1 Handvoll Koriandergrün

PURPURBASILIKUM

OCIMUM BASILICUM

Basilikum stammt ursprünglich aus Vorderindien, wo man es heute noch als heilige Pflanze verehrt, und wurde bereits von den Griechen und Römern der Antike kultiviert. Das Wort „ocimum" bedeutet „Duft", „basilikos" „königlich", und damit ist das Wichtigste über diese Pflanze auch schon gesagt.

Der Duft des Basilikums ist nicht nur der Duft des Sommers, es ist ein Duft, der direkt zu Herzen geht, wie bereits Konrad von Megenberg vor Hunderten Jahren wußte: „ ... Ich weiss das wol, dass es die Meister ziehen in ihrem Gärtlein vor ihrer Schlafkammer zu Paris und schmeckt nicht, ohne dass man es rührt mit der Hand, so gibt es einen smack, der dem Herzen wohl tut, recht als ein züchtig, weiser Mann, der viel edel Ding in seiner Seel verborgen hat."

Es gibt verschiedene Sorten dieser einjährigen Pflanze aus der Familie der Lippenblütler: kleinblättriges, bubikopfartiges Basilikum, krausblättriges oder großblättriges Basilikum ... Die Duftnuancen reichen von Anis über Minze bis hin zu Zitrone oder Zimt.

Die meisten Basilikum-Arten kommen sowohl in Grün als auch in Rot vor. Purpurbasilikum ist meist etwas intensiver im Geschmack. Unseren Erfahrungen nach ist es auch widerstandsfähiger als die grünen Arten, weil es sowohl dem Regen als auch der Trockenheit leichter standhält.

Für das Gedeihen der Pflanze ist auch ein einfühlsames Ernten der Blätter (einzeln!) wichtig: Wächst die Pflanze stark in die Höhe oder beginnt sie zu blühen, zwickt man die oberen Triebe ab. Wird das Kraut dicht, lichtet man die seitlich am Stengel wachsenden großen Blätter aus. In den Blattachseln bilden sich neue Seitentriebe, sodaß die Pflanze immer üppiger gedeiht!

1) AUSSAAT: im März in Tontöpfen (3-4 Samen pro Topf, nicht tiefer als ein paar Millimeter!) im Haus oder Glashaus vorziehen; ab Ende Mai ins Freiland setzen oder in den Tontöpfen belassen. 2) BODEN: humusreich, warm, locker. 3) KLIMA: Sonne und Wärme! Vor kühlen Nächten schützen! 4) PFLEGE: gut bewässern, vor Dauerregen und kühlem Wetter aber schützen! 5) ERNTE: das frische Kraut das ganze Jahr über – bitte Hinweise im Lauftext beachten! 6) LAGERUNG: am besten frisch verwenden; im Herbst fein gehackt mit Salz und Olivenöl in einem Einmachglas als Paste im Kühlschrank konservieren.

Gemüse-Lasagne
mit Purpurbasilikum

Gemüse-Lasagne
schmeckt auch kalt
hervorragend - man
che sagen sogar noch
besser als warm!

Vielseitiges Basilikum

Basilikum ist eines der beliebtesten Gewürz-kräuter der Welt. Es schmeckt sehr gut (zum Beispiel in einem Pesto alla genovese), und es harmoniert hervorragend mit Gemüsesorten wie Aubergine, Zucchini oder Tomate. Unserer Gemüse-Lasagne, die sich ohne gro-ßen Aufwand auch für viele Esser zubereiten läßt, verleiht es den gewissen ‚Pfiff‘.

Zubereitung

Die Teigblätter je nach Anweisung auf der Verpackung kurz kochen und kalt abschrek-ken oder gleich trocken verwenden. Man kann den Nudelteig auch selbst machen – siehe dazu bitte das Rezept für die Mangold-Tortelli. Zwiebel und Knoblauch schälen, fein schneiden und unter Zugabe einer kleinen Prise Peperoncino in Olivenöl anbraten.
Zucchini und Auberginen gut waschen. Zucchini in Scheiben, Auberginen in Würfel schnei-den. In die Pfanne geben und kurz anbraten.
Die Tomaten waschen, in Schei-ben schneiden und beigeben. Salzen. Etwa fünf Minuten köcheln lassen. Das Gemüse muß nicht fertig gegart sein, es kommt ohnehin noch ins Backrohr! Zum Schluß etwa 3/4 der gewaschenen und grob gehackten Basilikumblätter hinzufügen.
Den Boden einer Auflaufform nun etwa 1 cm hoch mit dem Gemüse bedecken (den Saft der Gemüse auf jeden Fall dazugeben, er wird von den Teigblättern aufgesogen!); darüber die Teigblätter legen, danach wieder eine Schicht Gemüse, eine Zwischenschicht mit der knap-pen Hälfte des geriebenen Parmesans und der in Scheiben geschnittenen Mozzarella, da-nach wieder Teigblätter, danach Gemüse ... und so weiter. Abschließen mit einer Schicht Teigblätter, die mit Parmesan bestreut, mit Mozzarella belegt und mit ein paar Tropfen Olivenöl beträufelt wird.

Im vorgewärmten Backrohr bei etwa 200 Grad 30-45 Minu-ten überbacken. Heiß in der Auflaufform servieren, mit dem Rest der Purpurbasilikumblät-ter garnieren.

Lasagne war früher wie viele Auflaufgerichte in erster Linie eine Methode, Reste zu ver-werten. Und wie so manches ‚Restlessen‘ hat sich Lasagne heute so durchgesetzt, daß sie die meisten Menschen als eigenständige Hauptspeise zufrieden macht. Restlos.

ZUTATEN

6 PERSONEN

500 g Lasagneblätter
5 EL Olivenöl
4 Knoblauchzehen
1 große Zwiebel
700 g Tomaten
400 g Zucchini
400 g Auberginen
Salz
1 Prise Peperoncino,
frisch gemahlen
350 g Mozzarella
100 g geriebener
Parmesan
2 Handvoll
Purpurbasilikumblatter

QUER DURCH DEN GEMÜSE-GARTEN

RARITÄTEN, SPEZIALITÄTEN, KURIOSITÄTEN

KÄRNTNER-STEIRISCHES GEBIRGSKRAUT

BRASSICA OLERACEA CONVAR. CAPITATA VAR. ALBA
ALTE AUTOCHTHONE LANDSORTE

Diese Kraut- oder Weißkohlsorte gehört zu den bedrohten Gemüsearten. Das ist verwunderlich, denn das Kärntner-Steirische Gebirgskraut hat einen interessanten Namen, ein schönes Aussehen und einen hervorragenden Geschmack. Sein Name leitet sich von den beiden südöstlichen Bundesländern Österreichs ab. Hier wurde dieses Kraut gezüchtet, und zwar eigens für höhere Lagen, in denen andere Weißkohlsorten oft weniger gut gedeihen. Das Kärntner-Steirische Gebirgskraut dagegen erweist sich als äußerst robust und wächst auch in den Gemüsegärten von Bergbauernhöfen noch üppig und schön. Es ist eine mittelgroße Sorte mit rundlichem Kopf und festen, hellgrünen Blättern.

Die verschiedenen Kohlsorten (Wirsing, Weiß- und Rotkohl, Blumenkohl, Kohlrabi etc...) gelten als typisch deutsche und österreichische Gemüsesorten. Es ist aber sehr wahrscheinlich, daß der Kohl aus dem Mittelmeerraum stammt, und es gibt Hinweise darauf, daß bereits die antiken Römer ihn als Sauerkraut eingelagert haben. Kohl kommt sogar in der Mythologie vor, wie Waverley Root zu berichten weiß: „Lykurgos, Thraker, Sohn des Dryas, König der Edonen, war so leichtsinnig, sich mit Dionysos anzulegen, worauf dieser (oder Zeus, je nach Quelle) ihn blendete und zerreißen ließ; aus den Tränen, die Lykurgos vergoß, entstanden die ersten Kohlpflanzen."

Einer anderen Überlieferung zufolge soll der Kohl aus Jupiters Schweiß entstanden sein, den dieser vergoß, als er gerade versuchte, ein besonders schwieriges Orakel zu deuten. Zum Trost: Der Anbau des Kohls kostet im allgemeinen weder Schweiß noch Tränen ...

1) AUSSAAT: von März bis Mai ins Freiland in Reihen mit etwa 50 cm Abstand, 0,5-1 cm tief dünn aussäen, später auf 50 cm vereinzeln. 2) BODEN: mittelschwere, humose Lehmböden, tiefgründig gelockert sind am besten. Stets feucht halten! 3) KLIMA: Das robuste Kraut stellt keine besonderen Ansprüche. 4) PFLEGE: regelmäßig bewässern! Gut düngen (benötigt Kali und Stickstoff), am besten mit Stallmist. 5) ERNTE: den ausgereiften, etwa fußballgroßen Kopf abschneiden. 6) LAGERUNG: kühl einige Wochen lang.

Champagnerkraut

EIN PRICKELNDES VERGNÜGEN

Wir empfehlen, für das Champagnerkraut eher Sekt zu verwenden als das höllisch teu-re Sprudelgetränk aus Frankreich – denn auch der Sekt erzeugt die frische, prickelnde Note in diesem Gericht. Es kann aber auch sein, daß man zum Beispiel von wohlmeinen-den Gästen eine Flasche Champagner geschenkt bekommt – obwohl man sich gar nichts daraus macht. In diesem Fall: einfach verkochen! (Natür-lich erst für die nächsten Gäste!)

Zubereitung

Das frische Kärntner-Steirische Gebirgskraut halbieren, das äußere Blatt entfernen. Den Strunk wegschneiden. Nun das Kraut möglichst fein schneiden.

Die Zwiebel schälen und eben-falls schneiden, mit dem Zucker in der Butter glasig werden lassen. Das Kraut hinzufügen, ebenfalls sanft anbraten, mit dem Weißwein löschen und soviel mit Was-ser (oder Suppe!) aufgießen, bis alles bedeckt ist. Lorbeerblatt, Korianderkörner und Pfef-fer aus der Mühle hinzufügen. Bei geringer Hitze und halb geöffnetem Deckel etwa 30-60 Minuten köcheln lassen. Gegen Ende der Garzeit durch Weglassen des Deckels oder Erhöhung der Temperatur Flüssigkeit verdampfen lassen.

Danach das Kärntner-Steirische Gebirgskraut mit Champagner übergießen, kurz ziehen lassen und heiß servieren.

Dieses delikate Kraut veredelt deftige Gerichte wie Selchfleisch, Bratwürste oder Schweinskote-letts.

ZUTATEN

4 PERSONEN

1 Krautkopf
1 große Zwiebel
3 EL Butter
2 EL Zucker
1/4 Liter Weißwein
1 Glas Champagner
(oder Sekt)
1 Lorbeerblatt
2 Gewürznelken
7 Korianderkörner
Salz
Pfeffer

Krautfleckerln

ARME-LEUTE-ESSEN UND DELIKATESSE

Krautfleckerln sind eine typisch österreichische Spezialität, hergestellt aus den Hauptzu-
taten Kraut, Fleckerln (Teigecken) und Zucker.
Zugegeben: Krautfleckerln sind der Schrecken
aller ehemaligen Internatsschüler, und viele
Menschen können sie auch ganz ohne Inter-
nat nicht ausstehen. Als typisches „Nach-
kriegsessen" genießen sie keinen besonders
herausragenden Ruf. Man sollte dieses Rezept
also nicht unbedingt bei einer vornehmen
Gästerunde ausprobieren.
Aber es gibt oft auch fanati-
sche Krautfleckerl-Anhänger!

Zubereitung

Den Krautkopf halbieren, das
äußere Blatt entfernen, den
Strunk wegschneiden.
Das Kraut fein schneiden, in
eine Schüssel geben, salzen
und gut durchmischen.

Inzwischen die Zwiebel schälen, schneiden
und mit dem Zucker in dem Schmalz sanft
anrösten. Das Kraut hinzufügen. Bei kleiner
Hitze und geschlossenem Deckel das Kraut
weichdünsten. Es soll dabei bräunlich werden, aber Vorsicht: Es brennt leicht an, was
sicher auch zu dem nicht unzweifelhaften
Ruf dieses Gerichts beigetragen hat.
Nach 15-30 Minuten (je nachdem, wie knackig
man das Kraut will), die Fleckerln in ausreichend gesalzenem Wasser
weichkochen. Das Wasser abseihen, die Fleckerln kalt abspülen, dem Kraut hinzufügen
und alles noch einmal fest
durchrösten. Pfeffern und eventuell nachsalzen.
Heiß servieren – und genießen.
Manche geben auch Kümmel
oder gemahlenen Paprika in
die Krautfleckerln.

ZUTATEN

4 Personen

1 Krautkopf
1 große Zwiebel
300 g Fleckerln
4 EL Schweineschmalz
4 EL Zucker
Salz & Pfeffer
eventuell Kümmel oder
gemahlener Paprika

Sarma – Krautrouladen
Eine Spezialität aus Slawonien

Dieses Rezept stammt aus Slawonien, dem zwischen Save, Drau und Donau gelegenen Ostteil Kroatiens.

Zubereitung

Den Strunk des Krauts abschneiden. Die Krautblätter vorsichtig einzeln ablösen und waschen. In Salzwasser kurz blanchieren. Die Blätter müssen kernig bleiben! Danach die Blätter auskühlen lassen.

Inzwischen Zwiebeln und Knoblauch fein schneiden, in einer Pfanne in etwas Öl anrösten und mit dem Faschierten (Hackfleisch) vermischen. Salzen, pfeffern und den ungekochten Reis hinzufügen. Mit den Händen gut durchmischen. Nun die Krautrouladen vorbereiten. Dazu nimmt man am besten das Krautblatt in die Hand, legt 2-3 Löffel der Fleisch-Reis-Masse darauf, formt das Ganze zu einer Rolle und steckt die überhängenden Teile des Krautblatts seitlich hinein.

Den Speck würfelig schneiden, in einem großen Topf auslassen und rösten, bis er braun wird. Darüber eine Schicht Sauerkraut ausbreiten. Darüber legt man Speckscheiben, bis das Sauerkraut bedeckt ist. Darüber werden die Krautrouladen gelegt. Darauf kommen wieder eine Schicht Sauerkraut, eine Schicht Speck, eine Schicht Krautrouladen und so fort, bis der Topf voll ist. Das Sauerkraut bildet die oberste Schicht. Die passierten Tomaten salzen, erwärmen und über das Ganze gießen. Auf kleiner Flamme und bei geschlossenem Deckel etwa zwei Stunden lang bei kleiner Hitze köcheln lassen. Nicht umrühren!

Immer wieder den Topf schräg halten und kontrollieren, ob genügend Flüssigkeit vohanden ist. Falls nicht, Wasser oder passierte Tomaten nachgießen. Als Beilage empfiehlt sich:

Polenta

In einem hohen Topf Salzwasser zum Kochen bringen. Den Maisgrieß in kleinen Mengen nach und nach einrühren. Unter ständigem Rühren etwa 15 Minuten köcheln lassen. Masse auf ein Holzbrett gießen und zu einer zwei cm dicken Torte formen. Erkalten lassen. Torte in Stücke schneiden und in Butter beidseitig goldgelb braten.

ZUTATEN

6-8 PERSONEN

2 Krautköpfe
1,2 kg gemischtes
Faschiertes (Hackfleisch)
1/4-1/2 Liter passierte
Tomaten
125 g Reis
6 Knoblauchzehen
2 mittelgroße Zwiebeln
4 EL Olivenöl
1 kg Sauerkraut
250 g Hamburger Speck
(aufgeschnitten)
100 g Speck im ganzen
Salz & Pfeffer

1/4 Liter Sauerrahm
(wird bei Tisch
dazugereicht)

POLENTA

350 g Maisgrieß
1 1/2 Liter Wasser
2 TL Salz
2 TL Butter

Die Krautrouladen werden
bei Tisch mit einem Löffel
Rahm verfeinert.

ROTSTIELIGER MANGOLD

BETA VULGARIS

Mangold, der als Kulturpflanze 3000-4000 Jahre alt sein dürfte, hat in den letzten Jahren wieder einen wahren Boom erlebt, was durchaus zu begrüßen ist. Schade, daß gleichzeitig die seltenen Sorten dieses Gänsefußgewächses zunehmend von der Bildfläche bzw. aus den Gemüsebeeten verschwunden sind. Zu diesen immer seltener werdenden Sorten gehört der Rotstielige Mangold, eine Zierde jedes Gartens – und eine Bereicherung aller Küchen.

Der Mangold ist eine anspruchslose, mehrjährige, winterharte Pflanze; sie treibt in jedem Frühling aus. Oft fallen dabei die Erträge aber von Jahr zu Jahr geringer aus.

Man unterscheidet zwischen Stiel- und Blattmangold. Letzterer ähnelt dem Spinat und wird auch wie dieser zubereitet. Der Stielmangold hat ausgeprägte, kräftige Stiele und insgesamt größere Blätter.

Der Rotstielige Mangold macht deutlich, daß Mangold mit den Rüben verwandt ist – denn die Farbe des Stiels erinnert stark an Rote Rüben (Rote Bete). Aus diesem Grund darf man sich auch nicht wundern, wenn sich der Mangold mit in der Nähe wachsenden Rüben oder Roter Bete kreuzt. Ungeklärt bleibt weiterhin, ob der Mangold die Urform der Rübe ist oder umgekehrt, ob man also aus Blättern Wurzeln oder aus Wurzeln Blätter gezogen hat.

Roter Mangold, den bereits Aristoteles beschrieb, dürfte jedenfalls die Urform des Mangolds sein, denn das alte keltische Wort bet (das Beta und Bete ergab) bedeutet: rot. Der Name blieb auch im italienischen „bietola" und im französischen „bette" (und „blette") erhalten. Das deutsche Mangold leitet sich aus dem altdeutschen „managolt" ab, was soviel bedeutet wie „Vielherrscher".

1) AUSSAAT: nach dem letzten Frost Ende April bis Juni ins Freiland, 3-4 Samen 2-3 cm tief in Reihen mit 30-40 cm Abstand bei einem Pflanzenabstand von 20 cm. Später die schwächeren Pflanzen auslichten. 2) BODEN: lehmig, humusreich. 3) KLIMA: Sonne oder Halbschatten. 4) PFLEGE: Unkraut jäten, mit Kompost & Stallmist düngen, bei Trocken-heit bewässern. 5) ERNTE: ab einer Höhe von etwa 30 cm die äußeren, großen Stielblätter abschneiden. Pflanzenherz nicht verletzen, dann sind mehrere Ernten möglich! 6) LAGERUNG: am besten frisch; kann blanchiert eingefroren werden.

Kalte Mangold-Kräuter-Suppe

In unserem Garten wächst Mangold wie von selbst und so üppig, daß er während des Sommers fast täglich auf unserem Speiseplan steht.

Mangoldsalat

Eine der einfachsten Zubereitungen ist der Mangoldsalat: Die Blätter werden geerntet, gewaschen und 2-3 Minuten in Salzwasser gekocht (blanchiert). Danach Wasser abseihen, Mangold kalt abschrecken, gut abtropfen lassen und mit Salz, Olivenöl und Zitronensaft marinieren. Ein köstlicher, erfrischender Salat – denselben kann man auch mit Erdbeerspinat zubereiten!

„Frühsommer-suppe"

Diese kalte Mangold-Kräuter-Suppe schmeckt uns ganz besonders an den ersten heißen Frühsommertagen. Sie schmeckt wunderbar würzig und erfrischend, hat eine betörende Farbe (das Rot der Mangoldstiele trägt dazu bei!) – und ist schnell gemacht! Den Porree der Länge nach aufschneiden, zerpflücken, die äußeren Blätter entfernen und mit allen anderen Kräutern und Gemüsen gut waschen. Alles zusammen in kochendes Salzwasser geben und 2-3 Minuten blanchieren. Wasser abseihen, Gemüse und Kräuter sofort mit kaltem Wasser abschrecken, damit sie schön grün (bzw. rot!) bleiben. Die Hühnersuppe aufwärmen bzw. mit den Suppenwürfeln zubereiten. Das Weißbrot entrinden, in der Milch einweichen und gut ausdrücken. Nun die Suppe, das Weißbrot, die Kräuter und Gemüse im Mixer passieren, dabei die Crème fraiche hinzufügen. Mit Salz und Pfeffer abschmecken. Die Suppe in einen Steinguttopf füllen und 1-2 Stunden im Kühlschrank kaltstellen. Die Suppe wird kalt, mit warmen, gerösteten Speck- und Schwarzbrotwürfeln serviert.

ZUTATEN

6 PERSONEN

6 große Blätter vom Rotstieligen Mangold
2 Handvoll Brennesselblätter
2 Handvoll wilder Sauerampfer
1 Handvoll Bärlauch
1 Handvoll Pimpinelle
2 Stangen Lauch (Porree)
2 Suppenwürfel oder
1 1/2 Liter Hühnersuppe
3 Stück altbackenes Weißbrot
2 EL Milch
3 EL Crème fraiche
Salz & Pfeffer
3-4 Scheiben Schwarzbrot
150 g Speck

Mangold-Torte

Zubereitung

Für den Mürbteig: Mehl auf eine Fläche sieben, in der Mitte einen Krater bilden, darin die weiche Butter, eine Prise Salz und das Ei geben. Mit etwas Wasser zu einem glatten Teig kneten, diesen zu einer Kugel formen und im Kühlschrank etwa eine Stunde lang ruhen lassen (am besten in Klarsichtfolie). Für den Belag der Torte die Zwiebel schälen und fein schneiden. Olivenöl in einer Pfanne erhitzen und die Zwiebel darin anrösten. Die gewaschenen und in Scheiben geschnittenen Champignons hinzufügen und dünsten lassen. Salzen, pfeffern, gehackte Petersilie hinzufügen. Wenn das Wasser verdampft ist, mit der Sahne ablöschen. Den Mangold waschen und in Salzwasser zwei Minuten blanchieren. Wasser abgießen, Mangold mit kaltem Wasser abschrecken, gut aus-drücken, etwa zehn rote Stiele im Ganzen beiseite legen, den Rest grob zerschneiden und in die Pfanne geben. Noch kurz köcheln, danach etwas auskühlen lassen. Die Käse reiben und mit den Eiern gut verquirlen. Die Käse-Ei Mischung in der ausgekühlten Pfanne mit dem Rest gut verrühren. Den Teig am Boden und auf den Rändern einer gefetteten Form ausbreiten (etwa 3-4 mm dick), den Teigboden mit einer Gabel mehrmals einstechen. Den Teig etwa zehn Minuten lang bei 200 Grad im vorgeheizten Backrohr vorbacken. Eventuell entstehende Luftblasen mit der Gabel einstechen. Danach herausholen und die Gemüse-Käse-Ei-Mischung über das Ganze leeren. Die roten Mangoldstiele kreuzgitterartig darüberlegen und andrücken. Ein paar Butterflocken darüberstreuen. Bei etwa 200 Grad 20-30 Minuten lang fertigbacken.

ZUTATEN

4·6 PERSONEN
TEIG:
250 g Mehl
100 g Butter
1 Ei
1 Prise Salz
BELAG:
600 g Mangold
1 große Zwiebel
250 g Champignons
3 EL Olivenöl
2 Eier
1/8 Liter Sahne
50 g Parmesan
50 g Comté od. Emmentaler
2 EL gehackte Petersilie
1 EL Butter
Salz & Pfeffer

Parma

Parma, in der Region Emilia-Romagna gelegen, ist nicht nur eine wunderschöne Stadt mit beeindruckenden romanischen Bauwerken, sondern auch eines der kulinarischen Zentren Italiens. Von hier stammen, wie die Namen schon verraten, der Parmaschinken und der Parmesan, wobei es in Parma von diesen beiden Delikatessen so viele verschiedene Arten und Qualitäten gibt, daß man sich als Besucher kaum zurechtfindet. Aber die Lebensmittelhändler sind stolz auf ihre Waren und erklären einem gerne, daß der Parmaschinken einmal salziger und einmal süßer schmeckt, daß er zur Reifung ausschließlich Salz, Zeit und das feuchte Klima der Po-Ebene braucht ...

Oder man erfährt, wie aufwendig die Herstellung des Parmesans ist: Da kommt es zuerst auf die richtige Milchmischung an (Morgen- und Abendmilch haben verschiedenen Fettgehalt!), und auch später müssen die 36-Kilo-Laibe mindestens 18 Monate lang quasi persönlich betreut, gewendet und kontrolliert werden – was auch den Preis erklärt ...

Die Pasta-Spezialität, die man in Parma am meisten schätzt, sind Tortelli, die man laienhaft als „Riesen-Ravioli" bezeichnen könnte, die Puristen mögen mir verzeihen. Die Füllung der Tortelli wird von den Parmensern poetisch l'anima, die Seele, genannt. Diese Seele verändert sich mit den Jahreszeiten. Oftmals enthält sie Ricotta, die italienische Form von Quark (Topfen). Klassisch ist zum Beispiel eine Ricotta-Kräuter- oder eine Ricotta-Spinat-Mischung, aber in der entsprechenden Saison gefällt sich die Seele auch mit Kürbis, mit Steinpilzen oder mit Trüffeln.

Obwohl der Mangold auch „Römischer Kohl" genannt wird, schätzen ihn nicht nur die Römer. Bei den Parmensern ist die „bietola" so beliebt, daß man sie einfach nur als „das Gemüse" bezeichnet – als ob es andere gar nicht gäbe. Was bietet sich also mehr an, als die beiden lokalen Vorlieben zu vereinen, und die Tortelli mit Mangold und Ricotta zu füllen? Der Rotstielige Mangold wird für diese Speise in Parma selten verwendet – dabei sieht er in den großen Teigtaschen ganz besonders gut aus.

Nudelteig

Zubereitung

Für diese gefüllten Teigtaschen macht man eine „pasta all' uovo", einen Eierteig, was insofern ein Vorteil ist, als man dazu nicht unbedingt das italienische Durum-Weizenmehl braucht. Der Teig gelingt mit allen Mehlqualitäten gut.

Das Mehl auf eine glatte Fläche sieben. In der Mitte einen Krater bilden, eine Prise Salz hineingeben, die Eier hineinschlagen und mit ein wenig Wasser zu einem glatten Teig verkneten – je länger geknetet wird, desto besser! Sollte der Teig zu weich oder zu fest sein, kann man noch Wasser oder Mehl hinzufügen. Den Teig zu einer Kugel formen, mit Mehl bestauben und in Frischhaltefolie oder einem Plastiksäckchen im Kühlschrank ruhen lassen, bis die Fülle fertig ist.

ZUTATEN

4-6 PERSONEN
TEIG:

500 g Mehl
5 Eier
Salz

Mangold-Tortelli
in Salbeibutter

Zubereitung

Während der fertige Teig (siehe Nudelteig Seite 145) ruht, die Füllung zubereiten. Dazu die Ricotta in ein sauberes Geschirrtuch geben und gut auspressen. Die Mangoldblätter waschen und in Salzwasser zwei Minuten blanchieren. Wasser abgießen, Blätter mit eiskaltem Wasser abschrecken, damit sie ihre schöne rote und grüne Farbe behalten. Die Mangoldblätter ebenfalls gut auspressen und danach kleinschneiden, zuerst mit dem Messer, dann mit dem Wiegemesser. In etwas Butter die geschälte und fein gehackte Knoblauchzehe sowie Schalotte glasig werden lassen. Ricotta, Mangold und Knoblauch-Schalottenbutter gut vermischen. Salzen und eine Prise Muskat hineinreiben. Das Eigelb (Eiklar aufheben!) und den Parmesan hinzufügen und noch einmal gut vermischen (man kann das Ganze auch durch den Fleischwolf drehen). Auf einer bemehlten Arbeitsfläche eine Hälfte des Teigs quadratisch ausrollen, etwa 1-2 mm dick. Auf diesem Teigquadrat etwa alle sieben Zentimeter einen Eßlöffel der Füllung aufbringen. Das Eiklar leicht schaumig rühren und die Zwischenräume damit bestreichen (das ist der „Kleber"). Nun die andere Teighälfte ebenfalls auf einer bemehlten Fläche ausrollen und auf die andere Teigfläche legen. Die Teigschichten zwischen den Füllungen vorsichtig, aber gut andrücken. Nun mit einem Messer oder einem Teigrädchen die Tortelli ausschneiden (im Format von etwa 7x7 cm). Tortelli in Mehl wenden, damit sie nicht ankleben. Man kann die fertigen Teigtaschen ruhig ein paar Stunden aufheben und leicht trocknen lassen. Sie werden in ausreichend Salzwasser sehr vorsichtig gekocht. Das Wasser darf nicht zu wild kochen, da die Tortelli sonst zerfallen könnten. Die Kochzeit hängt ganz von der Beschaffenheit und Dicke des Teiges sowie vom Trocknungsgrad ab. Sie liegt zwischen zwei und acht Minuten. Je trockener und dicker der Teig, desto länger wird er brauchen.

Die fertiggegarten Tortelli werden in Butter oder Salbeibutter geschwenkt. (Butter heiß werden lassen, gewaschene, frische Salbeiblätter 1-2 Minuten darin braten.) Bei Tisch frischen Parmesan über die Tortelli reiben.

ZUTATEN

4-6 PERSONEN
FÜLLUNG:
700 g Mangold
300 g Ricotta
(Quark, Topfen)
1 Knoblauchzehe
1 kleine Schalotte
1 Ei
1 EL Butter
50 g Parmesan
1 Prise Muskat
Salz
SOWIE:
1 Handvoll Salbei
3 EL Butter
Parmesan

ERDBEERSPINAT

CHENOPODIUM CAPITATUM BZW. BLITUM CAPITATUM

Erdbeere und Spinat in einer Pflanze vereinigt? Was man in den kühnsten Phantasien nicht für möglich halten würde, die Natur bringt es hervor. Wobei diese uralte Art des Spinats natürlich keine echten Erdbeeren als Früchte hat, sondern rote Beeren, die viel eher wie Himbeeren aussehen, und die nur süß und eher fade schmecken.

Der Erdbeerspinat sieht wunderschön aus, was alleine schon seinen Platz in einem ein wenig ausgefallenen Gemüsegarten rechtfertigen würde. Aber seine grünen Blätter schmecken nebenbei ganz phantastisch, so daß den Gemüseliebhaber das Verschwinden dieser Pflanze aus den heimischen Beeten wundert.

Ganz selten, daß man auf einem größeren Wochenmarkt noch alte Bäuerinnen sieht, die das kostbare Grünzeug feilbieten. Der Grund liegt, wie so oft, in der geringen Rentabilität:

Der Erdbeerspinat ist zwar anspruchslos und wächst recht schnell, aber im Gegensatz zu anderen Spinatsorten ist er wenig ertragreich, und die Ernte der kleineren Blätter macht mehr Mühe.

Für Liebhaber ausgefallener, alter Gemüsesorten aber reicht die Ausbeute allemal ...

Man kann die Blätter des Erdbeerspinats wie andere Spinatsorten zubereiten oder als Salat essen. Die roten Beeren eignen sich eher zum Dekorieren – optisch versprechen sie mehr, als sie geschmacklich hergeben.

Erdbeerspinat stammt ursprünglich aus Südeuropa, wo das Gänsefußgewächs heute noch wild wächst und oft als Unkraut angesehen wird. Es ist eine einjährige Pflanze, die bei guter Pflege einen Meter Höhe erreichen kann (meist bleibt sie aber deutlich kleiner).

1) AUSSAAT: von April bis Juni in Reihen mit 30 cm Abstand; in der Reihe auf einen Pflanzenabstand von 15 cm vereinzeln. 2) BODEN: locker und humusreich. 3) KLIMA: Sonne oder Halbschatten. 4) PFLEGE: regelmäßig Unkraut jäten, feucht halten. 5) ERNTE: etwa nach 3 Monaten laufend. Bis zur Blüte schmecken die Blätter am besten. 6) LAGERUNG: am besten frisch; kann blanchiert eingefroren werden.

Strudelteig machen: das „Tai Chi" der Küche

Das einfachste Rezept für Strudelteig ist folgendes: Man gehe in ein Geschäft, kaufe ein paar Strudelteigblätter und breite sie zu Hause aus. Spannender ist es, den Teig selbst zuzubereiten. Wobei der Teig denkbar einfach und schnell gemacht ist. Aber das „Ausziehen" des Teigs ist eine kleine Kunst – allerdings eine, deren Erlernen zweifellos lohnt.

Aus dem Mehl, dem Ei, einer Prise Salz, einem Eßlöffel Öl und – nach Bedarf – etwas lauwarmem Wasser wird ein halbweicher Teig gemacht. Er wird so lange mit den Händen geknetet und auf einem unbemehlten Holzbrett „abgearbeitet", bis er sich von Händen und Brett löst und seidenglatt ist. Dann legt man den Teig auf ein bemehltes Brett, bestreicht ihn mit Öl und läßt ihn 20 Minuten rasten.

Danach beginnt das Ziehen des Teigs: ein Tuch auf einen großen Tisch legen. Das Tuch gut bemehlen. Den Teig zu einem Rechteck ausrollen und gut mit Öl bepinseln. Nun bestäubt man einen Handrücken mit Mehl, greift damit unter den Teig und zieht mit der anderen Hand den Teig vorsichtig in Richtung der Tischkanten, und zwar von der Teigmitte aus. Meister des Strudelteigs ziehen ihn aus, indem sie mit beiden Handrücken unter den Teig greifen und ihn durch rollende, Tai Chi-artige Handbewegungen ausziehen. Laut Anna Dorns „Großem Wiener Kochbuch" soll der Strudelteig so beschaffen sein, daß er dünn wie Papier ist – und daß man die Zeitung durch ihn hindurch lesen kann. Sollte das auf Anhieb nicht gelingen, macht es aber auch nichts – denn de facto können wir die Zeitung ja sehr gut auch ohne Strudelteig lesen.

„gantz din alss wie ein Pappier"

Der „Strudel", eingerollt wie ein Wasserwirbel, wie ein Strudel eben, leitet seinen Namen vom althochdeutschen „stredan" = wallen, brausen, strudeln her. Der feine Blätterteig allerdings stammt vermutlich aus dem arabischen Kulturkreis und kam über zwei Wege in den deutschen Raum bzw. nach Wien, die Hauptstadt des Strudels: einerseits über die Mauren, die lange in Spanien herrschten – in alten Kochbüchern heißt der Strudelteig „spanischer Teig"; andererseits über die Türken, die den Strudelteig, parfümiert mit Rosenwasser oder Orangenöl und nicht zu knapp in Öl getränkt, noch heute gerne für süße Nachspeisen verwenden. Doch auch die Tradition salziger Strudel gibt es schon lange. In einem Wiener Kochbuch aus dem Jahr 1696 heißt es: „Mach einen gueten marben Taig gleichwie man ihm zu marben Pastetten Taig macht, aber nicht zu fest, und dann walg ihn Zu einem Bladl auss gantz din alss wie ein Pappier, wie man ihm Zu einem Krapfen oder Spinat Strudl walgt …"

Strudelteig

ZUTATEN

8-10 PORTIONEN

200 g Mehl (glatt)
1 Ei
1-2 EL Öl
Prise Salz
ca. 5 EL Wasser

Spinatstrudel

AUS ERDBEERSPINAT

Zubereitung

Der Strudelteig wird entweder gekauft oder selbst gemacht – siehe Seite 150. Die dicken Enden des selbst ausgezogenen Teigs werden abgeschnitten, dann ist er fertig für den Gebrauch. Auch gekauften Teig legt man, wie den selbstgemachten, auf einem bemehlten, sauberen Tuch aus – dadurch wird das Rollen des Strudels erleichtert. Den Erdbeerspinat von groben Stengeln befreien, waschen und 1-2 Minuten in kochendem Salzwasser blanchieren. Wasser abgießen, Spinat eiskalt abschrecken. Knoblauch und Zwiebeln schälen, in etwas Olivenöl glasig werden lassen, den gut ausgedrückten Spinat hinzufügen und alles gut vermischen. Salzen, pfeffern.

Nun den Strudelteig mit zerlassener Butter bestreichen und die Spinatmasse auf einem Drittel des Teigs gleichmäßig auftragen. Die Spinatmasse ebenfalls gleichmäßig mit Crème fraiche bestreichen und mit Mozzarellascheiben belegen. Nun den Teig mit Hilfe des Geschirrtuchs von der belegten Seite her einrollen. Die Enden verschließen und den Strudel auf ein mit Butter gefettetes Backblech legen (Mozzarella auf der Oberseite).
Bei etwa 180 Grad ungefähr 30 Minuten lang goldbraun backen. Dabei immer wieder mit Eidotter bestreichen.

ZUTATEN

8-10 PORTIONEN

ca. 1-1 1/2 kg
Erdbeerspinat
2 EL Olivenöl
4 Knoblauchzehen
2 Zwiebeln
150 g Crème fraiche
250 g Mozzarella
3 EL Butter
1 Eidotter
Salz & Pfeffer

Der Spinatstrudel kann als Vor- oder Hauptspeise genossen werden. Eine Champignonsauce paßt gut dazu. Diesen Strudel kann man nicht nur mit Erdbeerspinat, sondern auch mit anderen Spinatsorten, mit Mangold oder gemischt mit Bärlauch machen! Wer es aromatischer liebt, der kann statt der Mozzarella Schafkäse (Feta) verwenden.

Gratinierter Erdbeerspinat

EINE FLAUMIG – HEISSE KÖSTLICHKEIT

Gratinierter Erdbeerspinat ist eine köstliche Zuspeise zu verschiedenen Braten oder zu Fisch.

Besonders, wenn er in kleinen Schüsseln gratiniert und serviert wird, macht der Spinat ‚etwas her' – ohne daß die Zubereitung besonders aufwendig wäre.

Zubereitung

Die Kartoffeln schälen und etwa 20 Minuten in Salzwasser kochen, bis sie weich sind. Den Spinat gut waschen, eventuell grobe Stengel entfernen. Gut abtropfen lassen und in einem großen Topf in Olivenöl etwa 5-10 Minuten lang dünsten, bis er ganz zusammenfällt. Zunächst die Kartoffeln und dann den Spinat durch das Passiergerät („Flotte Lotte") drehen, danach beides gut vermischen. Milch erhitzen und hinzufügen. Die Eier trennen, Eigelb hinzufügen, ebenso den Parmesan und drei Eßlöffel Butter. Mit Salz, Pfeffer und Muskat abschmecken. Das Eiweiß zu Schnee schlagen und unterziehen. Die Masse in 4-6 mit Butter ausgestrichene Gratinierformen füllen, mit Semmelbrösel locker bestreuen und im vorgeheizten Backrohr (200 Grad) etwa 20-30 Minuten überbacken lassen.

Der gratinierte Erdbeerspinat wird in den Gratinierformen heiß serviert – eine nicht alltägliche, aber leicht zu machende Zuspeise.

ZUTATEN

4-6 PERSONEN

500 g mehlige Kartoffeln
1 kg Erdbeerspinat (oder Blattspinat)
100 g frisch geriebener Parmesan
2 Eier
6 EL Butter
3 EL Semmelbrösel
2 EL Olivenöl
1/8 Liter Milch
Salz & Pfeffer
Muskat

Spinatknödel

Diese Spinatknödel (in Deutschland Spinatklöße) erfreuen nicht nur „eingefleischte Vegetarier", sondern fast alle Menschen, die gerne essen. Die Mengenangaben gelten für 3-6 Personen, je nachdem, ob man die Spinatknödel als Vorspeise oder als Hauptspeise genießen will.

Zubereitung

Die Kartoffeln kochen. Den Spinat von groben Stengeln befreien, gut waschen, zwei Minuten in kochendem Salzwasser blanchieren, Wasser abgießen, Spinat gleich mit eiskaltem Wasser abschrecken und danach gut auspressen. Zwiebel und Knoblauch schälen, sehr fein schneiden und in der Butter glasig werden lassen. Die geschälten Kartoffeln zerkleinern, mit dem Spinat, Knoblauch, Zwiebel vermischen. Mit Salz, Pfeffer und einer Prise Muskatnuß würzen. Das Ganze in einer Kartoffelpresse oder in einem Passiergerät („Flotte Lotte") zerkleinern. Eier trennen, Eigelbe, Grieß und Semmelbrösel hinzu-

fügen und etwa 15 Minuten ziehen lassen. Inzwischen Eiweiß mit einer Prise Salz steifschlagen, danach unterrühren, alles gut vermischen und noch etwa zehn Minuten ziehen lassen. Nun werden mit befeuchteten Händen Knödel geformt. Diese werden in viel siedendem Salzwasser gegart (nicht zu „wild" kochen!). Je nach Größe der Knödel dauert das 8-15 Minuten. Ein „Probeknödel", vorab gekocht, gibt Auskunft darüber, ob der Knödelteig im Wasser hält. Sollte er zu locker sein, muß man noch etwas Brösel hinzufügen und diese einige Minuten einwirken lassen.

Mit Sauce oder natur

Wir essen die Spinatknödel am liebsten mit etwas zerlassener Butter und viel frisch geriebenem Parmesan. Sehr gut passen aber auch Käse-Sauce (zum Beispiel mit Gorgonzola oder einem anderen Blauschimmelkäse) oder Schinken-Käse-Sauce dazu.

ZUTATEN

3-6 PERSONEN

500 g Erdbeerspinat
(oder anderer
Blattspinat)
250 g Kartoffeln (mehlig)
1 kleine Zwiebel
2 Knoblauchzehen
1 EL Butter
4 Eier
100 g Semmelbrösel
100 g Weizengrieß
Muskat
Salz & Pfeffer

Ob als Vor- oder
Hauptspeise,
Spinatknödel
erfreuen nicht nur
„eingefleischte"
Vegetarier!

ROTE VON PARIS

PHASEOLUS VULGARIS
DIE BUSCHBOHNEN-KURIOSITÄT

Diese fadenlosen Buschbohnen (oder Fisolen, wie man in Österreich sagt) sind nicht grün, sondern dunkelviolett: ein schöner Anblick im sommerlichen Gemüsegarten. Die dunkle Farbe hat auch noch einen anderen Vorteil als den optischen Reiz: Der farbliche Kontrast zwischen den violetten Bohnen und den grünen Blättern erleichtert die Ernte. Die hübsche Farbe wäre auch auf dem Eßtisch ziemlich originell, allein: Beim Kochen oder Dämpfen der Fisolen verwandelt sie sich – Alchimie im Kochtopf – in ein sattes Grün. Warum also nicht gleich grüne Bohnen nehmen?, werden vielleicht manche fragen. Die Antwort ist einfach: weil die Rote von Paris hübsch aussieht, leicht zu ernten ist, gute Erträge bringt, unkompliziert wächst – und nebenbei hervorragend schmeckt. Von Gourmets wird sie mehr geschätzt als die grünen Sorten.

Die Rote von Paris stammt nicht aus Paris, sondern, wie die meisten Bohnensorten, aus Mittel- und Südamerika, wo sie seit Jahrtausenden angebaut werden.

Die ertragreichen Pflanzen erfreuten sich in Europa sehr bald großer Beliebtheit, viel schneller jedenfalls als die Tomate oder die Kartoffel. Im Laufe der Jahrhunderte entstanden durch Züchtungen einige Hundert verschiedene Bohnensorten.

Allen Rohkostfans und Leuten mit Kleinkindern sei gesagt: In rohem Zustand sind Bohnen giftig! Sie enthalten Phasin, jenes Gift, das einst vom bulgarischen Geheimdienst bei den berüchtigten „Regenschirmmorden" verwendet wurde ... Kinder sollten also von den schönen violetten Früchten ferngehalten werden. Das Phasin wird aber beim Kochen der Bohnen vollständig aufgelöst!

1) AUSSAAT: Mitte Mai-Mitte Juli; jeweils 1-2 Bohnen 2-3 cm tief einsetzen, mit 10-15 cm Abstand in Reihen mit 40-50 cm Abstand. 2) BODEN: locker, humos, wasserdurchlässig, kalkhaltig. 3) KLIMA: warm und wenn möglich windgeschützt. 4) PFLEGE: regelmäßig bewässern. 5) ERNTE: Zwischen Juni-September werden die reifen, etwa 10 cm langen und innen saftigen Fruchthülsen am Stiel abgebrochen oder mit einer Schere geschnitten. 6) LAGERUNG: im Kühlschrank einige Tage; blanchiert können die Bohnen auch tiefgekühlt werden.

Basisrezept

Die roten, erst nach dem Kochen grün werdenden Bohnen sind ein vielseitig verwendbares
Gemüse. Sie müssen kaum geputzt werden.
Da sie fadenlos sind, reicht es, die beiden Enden abzuschneiden und das Gemüse zu waschen.

Wichtig ist, die frischen Fisolen (ich nenne sie
der Einfachheit halber bei ihrem österreichischen Namen, weil „grüne Bohne" bei dieser
Sorte nicht ganz angebracht scheint) in ausreichend Salzwasser etwa 8-15 Minuten lang
zu kochen. Langsames Dämpfen „schont" die
Fisolen keineswegs, sie werden dabei nur
lasch.

Beim Kochen verlieren die Fisolen in wunder-
samer Weise ihre dunkelviolette Farbe und
werden grün. Damit dieses Grün auch erhalten bleibt, empfiehlt es sich, die Fisolen nach
dem Kochen (sie sollen noch knackig sein!) mit
eiskaltem Wasser abzuschrecken. Danach sind
sie bereits fertig für die kulinarische Weiter-
verarbeitung.

Rezept-Klassiker

Es gibt einige klassische Rezepte für Fisolen:
In Italien zum Beispiel ißt man sie gerne als
kalten Salat (siehe nächste Doppelseite); in der
Provence bevorzugt man sie mit einer Sauce
aus Tomaten, Knoblauch, Olivenöl und Boh-
nenkraut; in Wien liebt man die Fisolen in einer althergebrachten Sauce aus Rahm und
Dille; und in der „internationalen" Küche sind
Fisolen und Speck kaum voneinander zu trennen.

Diese besondere Harmonie von Fisolen und
Speck hat uns auch zu den „Fisolen alla carbonara" inspiriert, eine Abwandlung der berühmten „Spaghetti alla carbonara". Letztere
verdanken ihren Namen (Spaghetti nach Koh-
len- bzw. Köhler-Art) wahrscheinlich weder
der Tatsache, daß der Speck für dieses Gericht
oft stark gebräunt wird noch der Unsitte, das
Gericht so stark zu pfeffern, daß es wie ver-
kohlt aussieht. Vielmehr dürfte der Name auf
die „Carbonari", die Mitstreiter Garibaldis und
Mazzinis bei der Einigung Italiens zurück-
gehen.

Die Carbonari entwickelten sich aus einem
Geheimbund, der „Carboneria". Was das alles
mit den Spaghetti alla carbonara zu tun hat,
weiß man nicht so genau, aber wir wollen einfach davon ausgehen, daß die Freiheitskämpfer,
um sich zu stärken, ständig Spaghetti alla
carbonara aßen.

Fisolen
alla carbonara

DIE ABWANDLUNG EINER
SPAGHETTI-SPEZIALITÄT

Zubereitung

Die Fisolen werden – wie auf der gegenüber-
liegenden Seite im Basis-Rezept angegeben –
geputzt, gewaschen, gekocht und abge-
schreckt.

In einer Pfanne die Butter zerlassen und den
in kleine Würfel geschnittenen Speck und die
kleingeschnittene Zwiebel anrösten.
Wenn der Speck und die Zwiebel Farbe angenommen haben, die Fisolen und die Crème
fraiche hinzufügen. Salzen, Pfeffern. Alles gut durchmischen.
Einen Deckel auf die Pfanne geben und die Fisolen bei kleiner
Hitze aufwärmen. Wenn sie heiß
sind, in vorgewärmten Tellern
anrichten. Mit Petersilie und
mit frisch geriebenem Parmesan bestreuen. Dieses Gericht
kann als Zuspeise und als
Hauptspeise serviert werden.

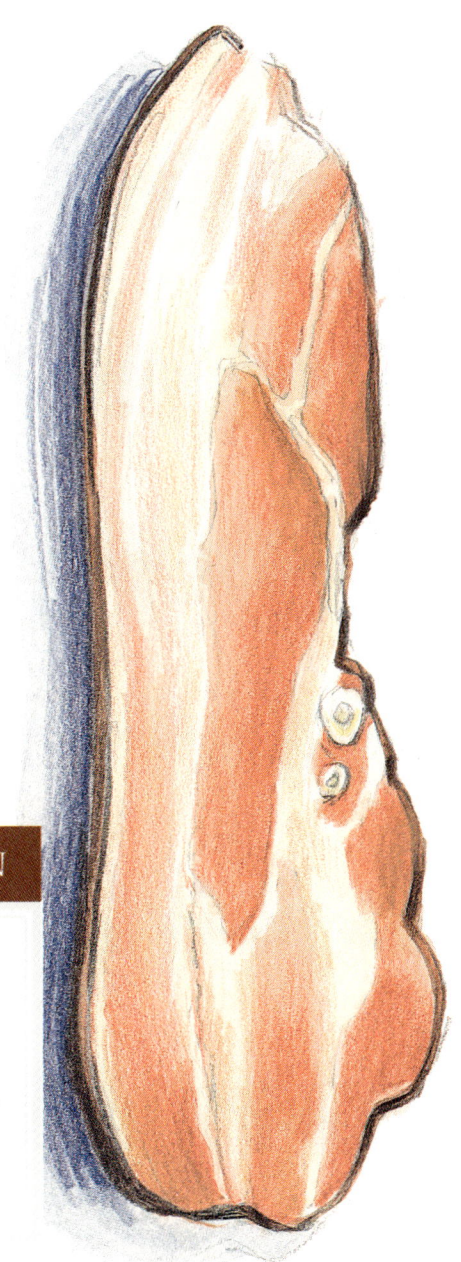

ZUTATEN

2 PERSONEN

500 g Fisolen
1 kleine Zwiebel
125 g Räucherspeck
3 EL Crème fraiche
2 EL gehackte Petersilie
1 EL Butter
Salz & Pfeffer
Parmesan

Steinbutt
in der Salzkruste mit Fisolensalat

Einfach und fein: eine Kruste aus Salz

Steinbutt in der Salzkruste – das klingt etwas abgehoben und schwierig. Dabei ist dies eine der ältesten und vor allem einfachsten Arten, Fisch zuzubereiten. Der Fisch behält dabei sein Aroma so gut wie bei kaum einer anderen Garmethode. Ein weiterer Vorteil: Küche und Haus bleiben von intensivem Fischgeruch weitgehend verschont.

Die einzige Schwierigkeit könnte darin bestehen, ein Kilogramm grobes Meersalz zu einem halbwegs erschwinglichen Preis zu bekommen. Aber gut sortierte Großmärkte oder Feinkostläden sollten da aushelfen können.

Besonders geeignet für dieses Rezept ist das bretonische, graue Meersalz, das unraffiniert ist und nicht nur alle Mineralstoffe, sondern auch noch das Aroma des Meeres in sich trägt.

Zubereitung

Das Salz, das Mehl, Eier und Eiweiß in einer Schüssel gut vermischen, bis ein fester Teig entsteht (eventuell ein wenig Wasser hinzufügen). Das Backrohr auf 220 Grad vorheizen. Auf dem Backblech ein Stück Backpapier ausbreiten. Ein wenig mehr als die Hälfte des Teigs darauf ausbreiten, den ausgenommenen und gewaschenen Steinbutt darauflegen und ihn mit der anderen Hälfte des Teigs bedecken und „verschließen". Den Fisch bei 200-220 Grad etwa 45-60 Minuten backen.

Inzwischen den Fisolensalat zubereiten: die Fisolen, wie auf der vorhergehenden Doppelseite beschrieben, putzen, waschen, kochen und kalt abschrecken. Mit Olivenöl, Zitrone, Salz, Knoblauch und Petersilie marinieren und ziehen lassen.

Der Fisch wird im ganzen serviert. Die Salzkruste erst bei Tisch aufbrechen und sorgfältig entfernen, bevor der Fisch filetiert wird. Dieses Rezept gelingt auch mit anderen Fischen wie zum Beispiel Rotbarbe, Seebarsch, Forelle oder Saibling sehr gut. Manche packen den Fisch auch nur in eine Schicht aus reinem, grobem Meersalz und garen ihn so im Backrohr. Unserer Erfahrung nach läßt sich diese Kruste aber nicht so schön ablösen wie jene aus Salzteig.

4 PERSONEN

STEINBUTT:

1 Steinbutt von etwa
1-1 1/2 kg (ausgenommen)
1 kg grobes Meersalz
500 g Mehl
4 Eiweiß
4 ganze Eier

FISOLEN:

1 kg Fisolen
4 EL Olivenöl
Saft einer Zitrone
1 EL Petersilie
1 fein gehackte
Knoblauchzehe
Salz

Steinbutt in
der Salzkruste:
rauhe Schale,
guter Kern.

VIOLETTE AUS FLORENZ

SOLANUM MELONGENA
DIE AUBERGINEN-RARITÄT

Auch wenn der hübsche Name „Violette di Firenze" oder „Violette aus Florenz" etwas anderes glauben machen könnte: Auberginen stammen ursprünglich aus Indien. Die Ur-Pflanzen waren sehr stachelig, die Früchte bitter. Durch jahrhundertelange Selektionsarbeit ist es gelungen, die Vorformen der heutigen Auberginen (in Italien, aber auch in Österreich sagt man Melanzane) zu züchten.

Diese Vorformen der Auberginen waren ungefähr hühnereigroß – daher kommt auch der wenig ansprechende Name Eierfrucht. Es gibt heute runde und längliche, glatte und gerippte, violette, schwarze, weiße und gelbliche Formen.

Die „Violette aus Florenz" gehört zu den schönsten Auberginen-Arten. Ihre stacheligen Blätter und Stiele erinnern an die Ur-Auberginen und könnten ein Hinweis darauf sein, daß wir es hier mit einer sehr alten Sorte zu tun haben. Ihre bescheidene Größe ist wohl der Grund dafür, daß die „Violette aus Florenz" zu den selten gewordenen Auberginen-Sorten zählt. Wie ihr Name schon sagt, erstrahlt ihre Schale in einem besonders kräftigen Violett.

Ihr Fleisch ist weniger bitter als jenes der verbreiteten dunklen Sorten.

Die Aubergine ist eine typische Pflanze des Südens. In Europa wird sie vor allem in Italien und in Südfrankreich angebaut. Das Nachtschattengewächs ist mehrjährig, aber sehr frostempfindlich. In nördlichen Breiten gedeiht es daher nur in sehr sonnigen, geschützten Lagen oder im Gewächshaus. Doch durch rechtzeitiges Vorziehen und gute Pflege kann man auch im Freiland schöne Ergebnisse erzielen. Die Mühe lohnt auf jeden Fall – denn die „Violette aus Florenz" sieht nicht nur besonders schön aus, sie schmeckt auch hervorragend, ist kalorienarm und bekömmlich.

1) AUSSAAT: im März im geheizten Glashaus oder in warmen Räumen. 2) BODEN: Der Boden sollte locker, fruchtbar und vor allem warm sein; eventuell mit organischem Material anreichern. 3) KLIMA: Auberginen lieben hohe Luftfeuchtigkeit und Temperaturen über 20°C. 4) PFLEGE: regelmäßig bewässern, Fruchtansätze ausgeizen (wie bei Tomaten). 5) ERNTE: etwa ab August, wenn die Früchte eine schöne, violette Farbe angenommen haben und ihre Schale glänzt. 6) LAGERUNG: kühl und trocken bis zu 14 Tagen. Im Kühlschrank können die Fruchtschalen fleckig werden. Unreife Früchte reifen bei Zimmertemperatur nach.

Auberginen-Salat

EIN „CREME-SALAT" MIT DEM GESCHMACK DES SÜDENS

Zubereitung

Die Auberginen werden gewaschen und abge-
trocknet. Danach röstet man sie im ganzen
auf der heißen Herdplatte oder auf dem Me-
tallaufsatz über einer Gasflamme, bis die
Schale der Auberginen nicht mehr violett, sondern schwarz ist.

Die Früchte auskühlen lassen und anschließend mit den Fingern schälen, bis alles
Schwarze verschwunden ist.
(Es ist hilfreich, die Finger zwi-
schendurch in Salzwasser zu
reinigen.)
Danach werden die Auberginen
mit einem Holzmesser (oder
einem anderen scharfen Holz-
gegenstand) gehackt und zer-
drückt, bis sie eine cremige
Masse ergeben. (Die Verwendung von Holz ist deshalb wichtig, weil die Auberginen in diesem halbgaren Zustand leicht Farbe und
Geschmack von Metall annehmen.)

Die Auberginen-Masse gleich mit Öl und Zi-
tronensaft beträufeln, damit sie sich nicht
verfärbt. Zwiebel und Knoblauch mit einer
Reibe zu einer Paste zerkleinern. Unter die
Auberginen mischen. Das Ganze mit Salz und
Pfeffer abschmecken.

Dieser Auberginen-Salat sollte möglichst
frisch gegessen werden. Man
kann ihn aber auch im Kühlschrank frisch halten, wenn
man ihn mit einer dünnen
Schicht Olivenöl bedeckt.

So wird es fei-
ner und schöner

Der fertige Salat wird mit Oliven und Tomaten dekoriert.
Auch ein paar Basilikumblätter machen sich gut.

ZUTATEN

4-6 PERSONEN

3 große Auberginen
1 kleine Zwiebel
2 Knoblauchzehen
Saft einer Zitrone
5 EL Olivenöl
Salz & Pfeffer

Oliven und
Tomaten zum
Dekorieren

Der Auberginen-
Salat wird entwe-
der als Zuspeise zu
Gerichten aus dem
Mittelmeerraum
genossen, oder
als Vorspeise mit
getoastetem
Weißbrot.

„Der Imam ist in Ohnmacht gefallen!"

Wörtlich übersetzt bedeutet „Imam Bayildi": „Der Imam ist in Ohnmacht gefallen" oder „Den Imam hat's umgehauen." Warum dieses sehr einfache und bekömmliche Gericht einen so umwerfenden Erfolg hatte, darüber rätselt die Welt noch heute. In jeder Region der Türkei wird die Geschichte ein bißchen anders erzählt – und das Gericht auch ein bißchen anders zubereitet. Manche lassen den Honig weg, andere fügen Paprika hinzu, wieder andere verwenden statt des Rosmarins und des Basilikums frische Petersilie – die den Vorteil hat, daß sie den Knoblauchgeruch zu neutralisieren vermag.

Der Legende nach spielte sich die Geschichte des besinnungslosen Imam folgendermaßen ab: Ein Mann war auf der Straße dem Imam, dem islamischen Geistlichen, begegnet und hatte ihn – der Alptraum jeder Hausfrau – spontan zum Essen eingeladen. Und prompt hatte die arme Frau auch nichts anderes zu Hause, als eben das, was man in jedem türkischen Haushalt in der Vorratskammer findet:

Zwiebel, Knoblauch, Gemüse, Gewürze. Also erfand sie diese Speise, die den Gast so begeisterte, daß er bis zum Umfallen davon aß. Andere Quellen wieder behaupten, die Frau des Imam selbst habe das Gericht zubereitet. Der Imam als sparsamer Mensch sei so entsetzt gewesen, weil sie für die Zubereitung einen ganzen Liter Olivenöl verwendet hatte, daß ihm darüber die Sinne geschwunden seien. (Wobei die Verwendung bzw. der Verzehr eines ganzen Liters Öl wohl auch nicht sparsame Menschen umhauen würde.)

Andere wieder behaupten, das intensive Knoblaucharoma hätte den guten Imam gefällt. Aber dieses Gerücht dürfte eher von Leuten stammen, die die Türkei automatisch mit Knoblauch und Kümmel in Verbindung bringen. Beides ist Unsinn. Kümmel wird in der türkischen Küche sehr selten verwendet, und Knoblauch allenfalls als Gewürz. Es heißt, daß der Prophet Mohammed selbst aus Mitleid mit seiner Umwelt auf den Genuß von Zwiebeln und Knoblauch verzichtet haben soll.

Wie auch immer: Dieses Rezept wird immer einen umwerfenden Erfolg haben. Jedenfalls im übertragenen Sinn.

Imam Bayildi

TÜRKISCHER AUBERGINEN-AUFLAUF

Zubereitung

Dieses Gericht gelingt leicht. Es kann auch schon Stunden vor dem Essen zubereitet werden. Die Auberginen waschen, Stengel entfernen, in dicke Scheiben schneiden und salzen. Dadurch lassen sie ein bißchen Wasser, das mit einem sauberen Tuch abgetupft wird – so verlieren die Früchte auch ihre Bitterstoffe. Die Scheiben pfeffern und mit einem Teil des Olivenöls in der Pfanne braten, bis sie braun werden. Eine flache Auflaufform mit dem restlichen Olivenöl ausfetten, mit ein wenig Honig bestreichen und mit den gebratenen Auberginen-Stücken auslegen. Jedes der gebratenen Stücke wird danach mit einer in kleine Stücke geschnittenen Knoblauchzehe „gespickt". In derselben Pfanne wie zuvor nun in etwas Olivenöl die Zwiebeln anrösten. Die Tomaten kreuzförmig einschneiden, mit heißem Wasser übergießen, schälen, würfelig schneiden und zu den Zwiebeln geben. Salzen und pfeffern. Das Ganze etwa 20 Minuten lang köcheln lassen. Inzwischen Basilikum und Rosmarin waschen, abtropfen lassen und grob hacken. Zu der Sauce hinzufügen und die ganze Sauce über die Auberginen gießen. Den Auflauf etwa eine Stunde bei 175 Grad im Backrohr fertiggaren.

ZUTATEN

4 PERSONEN

2 große Auberginen
2 mittelgroße Zwiebeln
10 große Tomaten
10 Knoblauchzehen
6 EL Olivenöl
1 TL Honig
eine Handvoll frisches
Basilikum
3 Zweige Rosmarin
Salz
Pfeffer oder Chili

Auch kalt schmeckt der Auflauf „umwerfend"

Auch kalt schmeckt der Auberginen-Auflauf sehr gut – am nächsten Tag oder nachts, wenn die Gäste schon gegangen sind, direkt aus der Pfanne „gestohlen".

WURZELN UND KNOLLEN

BACK TO THE ROOTS

PASTINAKE

PASTINACA SATIVA

Die Pastinake (umgangssprachlich sagt man auch der Pastinak) war in Europa eines der beliebtesten Wurzelgemüse. Die Pastinake galt als ideale Fastenspeise, weil sie im Gegensatz zu Fleisch „erlaubt" und dennoch sehr nahrhaft ist. Als nach der Entdeckung Amerikas die Kartoffel sich allmählich durchzusetzen begann, verlor die Pastinake an Bedeutung. Dabei haben die beiden Pflanzen botanisch und kulinarisch nichts miteinander zu tun. Erst in den letzten Jahren hat man diese traditionelle Gemüsesorte wiederentdeckt.

Auch in den hochklassigen Restaurants experimentieren kreative Köche mit der unscheinbaren Wurzel, deren süßlicher, aromatischer und zugleich unaufdringlicher Geschmack viele Variationsmöglichkeiten zuläßt. Besonders in England und in Frankreich wird die „Moorwurzel", wie die Pastinake auch heißt, sehr geschätzt.

Die Pastinake ist eine zweijährige Pflanze. Sie gehört zur Familie der Doldenblütler. Es gibt auch wilde Formen, die gerne an Wegrändern sowie auf Wiesen wachsen. Die Pflanzen werden bis zu einem Meter hoch. Man erkennt sie an ihren auffallenden, gelben Blütenschirmen. Ihre Blätter können als würziges Suppengrün oder als Salatwürze verwendet werden.

Bei den kultivierten Sorten gibt es eine große Vielfalt: die lange, weiße „Panais amélioré de Brest", die alte Sorte „Blomsdale parsnip" oder die runde Zuckerpastinake alias „Panais de Metz".

Bei allen Sorten ist es wichtig, den richtigen Erntezeitpunkt zu beachten: Die Wurzeln dürfen noch nicht zu groß sein, weil sie dann dazu neigen, holzig zu werden. Allerdings ist es von Vorteil, wenn die Wurzeln einen Frost erleben: Sie schmecken dann feiner und milder.

1) AUSSAAT: März-Juni ins Freiland; Saattiefe 0,5-1,5 cm; Keimung erst nach etwa 3 Wochen; Jungpflanzen mit 4 Blättern vereinzeln. 2) BODEN: Pastinaken mögen lehmige Böden oder Moorböden. 3) KLIMA: anspruchslos; die „klassischen" Anbaugebiete lagen im rauhen Seeklima des Atlantiks. 4) PFLEGE: im Herbst das Beet mit Stallmist düngen; die robuste Pflanze braucht keine besondere Pflege. Zuviel Düngung fördert Blatt- und mindert Wurzelwachstum! 5) ERNTE: ab Oktober bis ins Frühjahr. Pastinaken sind winterhart und können nach Bedarf immer geerntet werden. 6) LAGERUNG: kühl einige Monate.

Pastinakensuppe
mit Curry

Es ist schade, den feinen Geschmack der Pastinake, der irgendwo zwischen Sellerie, Karotte und Eßkastanie liegt, mit allzu vielen Gewürzen ‚zuzudecken'. Eine Ausnahme bildet der Curry, der hervorragend mit Pastinaken harmoniert, wie jeder bestätigen kann, der die Pastinakensuppe mit Curry ausprobiert.

Zubereitung

Zwiebel schälen, schneiden und in Butter in einem großen Topf anrösten. Pastinaken sparsam schälen, in große Stücke schneiden und hinzufügen. Salzen, pfeffern, den Curry beigeben und alles gut durchrühren. Die Gemüsesuppe aufgießen oder, unter Hinzufügung von 1-2 Suppenwürfeln, die gleiche Menge Wasser. Das Ganze 30 Minuten köcheln lassen und mit dem Stabmixer oder im Mixer pürieren, wobei die Sahne hinzugefügt wird. Mit Salz, Pfeffer und eventuell noch etwas Curry abschmecken, mit einigen Blättern Koriander (frisch oder getrocknet) verzieren und heiß servieren. Curry wirkt erwärmend auf den Körper, und die Pastinake ist ein winterliches Gemüse – diese Suppe ist also genau das richtige für kalte Tage.

Curry-Mischungen

Es empfiehlt sich, zunächst nur eine kleine Menge Curry zu verwenden. Curry stammt aus Indien und ist eine Mischung aus verschiedenen Gewürzen. Er kann deshalb sehr unterschiedlich schmecken – es gibt auch einige besonders scharfe Mischungen, etwa den dunkel gerösteten Sri Lanka-Curry!

Für diese Suppe eignen sich hellere, milde Sorten. Wer auf Nummer sicher gehen will, mischt am besten seinen eigenen Curry, zum Beispiel aus Pulvern von Ingwer, Chili, Kreuzkümmel, Koriander (Wurzel und Frucht), Pfeffer, Muskatnuß, Nelke, Kardamom, Kurkuma, Safran und Zimt.

ZUTATEN

4-6 PERSONEN
1 kg Pastinaken
1 große Zwiebel
1 EL Butter
1/8 Liter Sahne
1-2 TL Curry
1 1/2 Liter Gemüsesuppe
Salz & Pfeffer
frischer Koriander

Pastinakenpüree

FLAUMIGE ÜBERRASCHUNG

Die Pastinake war das Lieblingsgemüse des römischen Kaisers Tiberius, der die aromatische Wurzel angeblich aus dem Rheingebiet ‚importiert' haben soll.

Die Pastinake, von der Antike bis ins späte Mittelalter hochgeschätzt, wurde später nur noch als Tierfutter verwendet. Noch heute wird sie als solches verwendet, allerdings ebenfalls aus kulinarischen Gründen: Die Schweine, die für den berühmten italienischen Parmaschinken gezüchtet werden, bekommen häufig Pastinaken in ihr Futter gemischt. Das wirkt sich auf das Fleisch aus, welches – wie etwa der berühmte San-Daniele-Schinken – eine leicht süßliche Geschmacksnuance bekommt. Das Basisrezept für Pastinaken ist denkbar einfach:

Zubereitung

Die Wurzeln abbürsten oder dünn schälen; in Stifte schneiden und mit Butter und ein wenig Wasser etwa 20 Minuten lang dünsten. Salzen und servieren. Nicht viel mehr

Arbeit macht das Pastinakenpüree, mit dem es uns immer wieder gelingt, unsere Gäste zu überraschen. Denn keiner errät so leicht, welches Gemüse als Basis für diese flaumige Speise diente.

Die Pastinaken sparsam schälen, in Stücke schneiden und in einem Standsieb über kochendem Wasser dämpfen. In einem anderen Topf die Milch erwärmen, die Butter darin zerschmelzen lassen, mit Salz und einer Prise frisch geriebener Muskatnuß würzen. Nach etwa 20 Minuten die weichgedämpften Pastinaken mit einer Kartoffelpresse oder durch ein Passiergerät („Flotte Lotte") in die Milch pürieren. Mit einem Holzlöffel umrühren und eventuell nachwürzen. Das Püree sollte nicht zu flüssig sein. Es empfiehlt sich daher, sparsam mit der Milch umzugehen – hinzufügen kann man sie immer noch!

Dieses Püree wird als Beilage wie Kartoffelpuree serviert, eventuell auch mit gebratenen Zwiebelringen.

ZUTATEN

4-6 PERSONEN

1 kg Pastinaken
1/8-1/4 Liter Milch
1 EL Butter
Salz
Muskatnuß

KERBELRÜBE

CHAEROPHYLLUM BULBOSUM

Die Kerbelrübe, ein zweijähriges Doldengewächs, ist eine sehr alte europäische Kulturpflanze.

Sie kommt auch in einer Wildform vor, die man häufig an feuchten Plätzen wie Bachufern oder in Wäldern findet. Die wilde Kerbelrübe ist mit dem sogenannten Spanischen Kerbel (Myrrhis odorata) verwandt; wie dieser haben ihre Blätter einen leicht anisartigen Geruch. Die fleischigen, rundlichen Wurzelknollen der Kerbelrübe erinnern in ihrer Form – nicht aber in der bräunlichen Farbe – an übergroße Radieschen. Kerbelrüben enthalten sehr viele Mineralstoffe und Vitamine.

Ihr Geschmack ist hervorragend, jenem der Eßkastanien ähnlich, wobei die Kerbelrüben nicht mehlig sind. Von Kennern wird diese seltene Rübenart so geschätzt, daß sie vor dem nicht ganz leichten Anbau nicht zurückschrecken. Denn im Handel ist die Kerbelrübe leider nur sehr schwer zu bekommen.

Die Aussaat der Kerbelrübe ist schon deshalb nicht ganz leicht, weil oft nur 10 % des Saatguts keimen. Ist es aber einmal gelungen, die kleinen Pflänzchen erfolgreich zu vereinzeln, dann steht – gute Bewässerung vorausgesetzt – einer erfreulichen Ernte nichts mehr im Weg. Nach der Ernte allerdings muß man sich wieder ein wenig gedulden. Man sollte die Kerbelrüben nämlich einige Wochen lang lagern, am besten in Sandkisten im Keller. Erst dadurch entwickeln sie ihren Wohlgeschmack.
Ganz junge Rüben kann man aber auch gleich nach der Ernte roh genießen. Ihr Geschmack erinnert ein wenig an jenen der Haselnuß.

1) AUSSAAT: August bis Oktober – die Kerbelrübe ist ein Kaltkeimer. Breitwürfig säen, nach der Keimung im März oder April vereinzeln. 2) BODEN: leichte, sandige, keinesfalls frisch gedüngte Böden. 3) KLIMA: Am besten gedeiht die Kerbelrübe im Halbschatten. 4) PFLEGE: die Böden stets feucht halten, keinen frischen Dünger verwenden. Regelmäßig Unkraut jäten. 5) ERNTE: im Spätsommer, wenn die Blätter vergilbt sind. 6) LAGERUNG: kühl, am besten in Sandkisten im Keller.

Lammragout
mit Kerbelrüben und Pastinaken

Wer die Kombination von Lamm und Kerbelrübe einmal probiert hat, der wird sich an dieses kulinarische Erlebnis bestimmt erinnern. Und auch die Pastinake, die in Deutschland oft Hammelmöhre genannt wird, harmoniert wunderbar mit Lamm.

Bekommt man keine Kerbelrüben, kann man für diesen Eintopf auch eine andere Rübensorte verwenden.

Dieses Gericht ist in jeder Hinsicht sehr einfach. Es kocht sich fast von selbst. Am besten gelingt es in einem Schmortopf aus gebranntem Ton oder Gußeisen.

Zubereitung

Das Lammfleisch (gut eignet sich ausgelöste Schulter) grob würfeln und im Schmortopf in Olivenöl scharf anbraten. Die Schalotten und den Knoblauch schälen, grob schneiden, hinzufügen und ebenfalls anrösten. Nun die Gemüsesorten ebenfalls schälen (oder gut abbürsten), in grobe Würfel schneiden, hinzufügen und mitbraten lassen. Wenn das Fleisch angebräunt und Schalotten sowie Knoblauch golden sind, das Ganze mit dem Weißwein ablöschen. Salzen, pfeffern, die Lorbeerblätter sowie die anderen Gewürze hinzufügen. (In der Provence verwendet man für solche Eintopfgerichte ein Bouquet garni, ein kleines Gewürzsträußchen aus Thymian, Rosmarin, Petersilie, Lauch und Lorbeer. Für unsere Zwecke tun es auch ein paar Lorbeerblätter sowie die als Herbes de Provence bekannte Gewürzmischung.)

Nun mischt man alle Zutaten noch einmal ordentlich durch und verschließt den Topf mit einem Deckel. Man läßt das Ganze etwa eineinhalb Stunden auf kleiner Flamme vor sich hinköcheln. Wenn das Lammfleisch weich ist, ist dieser köstliche Eintopf fertig.

Dies ist ein einfaches Gericht, und deshalb empfehlen sich dazu auch einfache Zuspeisen: frisches Brot oder eine kräftig goldene Polenta. Oder heurige Kartoffeln, die man, nachdem man sie vor dem Kochen kräftig abgeschrubbt hat, ruhig auch mit der Schale servieren kann.

4 PERSONEN

1 kg Lammfleisch, am
besten von der Schulter
(ausgelöst)
2 Pastinaken
2 Kerbelrüben
2 Karotten
8 kleine Schalotten
8 Knoblauchzehen
2 Lorbeerblätter
2 Prisen Herbes de
Provence
Salz, Pfeffer
1/2 Liter Weißwein
4 EL Olivenöl

SCHMORTOPF

In einem Schmortopf gelingt
dieses Gericht besonders gut.

ZUCKERWURZEL

SIUM SISARUM

Die Zuckerwurzel gehört zur Familie der Doldenblütler und stammt ursprünglich aus Asien. Josef Becker-Dillingen schreibt in seinem heute leider längst vergriffenen „Handbuch des gesamten Gemüsebaus einschließlich der Gewürz- und Küchenkräuter": „Man vermutet, daß die von der heiligen Hildegard von Bingen unter Gerla angeführte Pflanze mit der Zuckerwurzel gleich sei. Die neudeutsche Bezeichnung Görlein oder Girlein für die genannte Pflanze weist darauf hin. Ob die Römer die Pflanze kannten, ist nicht sicher. Wahrscheinlich wanderte sie als Nutzpflanze nördlich der Alpen. In den Kräuterbüchern des 16. Jahrhunderts findet sich die Zuckerwurzel allenthalben beschrieben."

Die mehrjährige Pflanze, die eine Höhe von bis zu 60 cm erreichen kann, entwickelt Bündeln von 10-12 Wurzeln, die etwa 15-30 cm lang sind. Richtig gute Erträge bringt die Zuckerwurzel erst ab dem zweiten Jahr. Gut Ding braucht Weile.

Das Fleisch der Wurzel ist ein wenig mehlig und – wie der Name schon sagt – von süßlichem Geschmack. Dieser ist nach dem ersten Frost intensiver, weshalb es sich empfiehlt, mit der Ernte nicht allzu voreilig zu sein. Ein Nachteil der Pflanze: Im Inneren der Wurzel befindet sich oft eine holzige Ader, die vor der Zubereitung entfernt werden muß. Auch im Garten Eden passierten kleine Mißgeschicke …

Puristen werden Zuckerwurzeln, genauso wie Kerbelrüben und Pastinaken, einfach putzen, in Stücke oder Stifte schneiden und in etwas Butter dünsten. Fein geraspelt schmecken sie aber auch roh als Salat hervorragend.

1) AUSSAAT: Februar bis Mai oder August bis Oktober (für Ernte im Folgejahr) ins Freiland. Samen vorquellen! Kleine Pflanzen vereinzeln. 2) BODEN: tiefe, nahrhafte Böden werden bevorzugt. 3) KLIMA: Diese robuste Pflanze bevorzugt sonnige Lagen. 4) PFLEGE: feucht halten und eventuell mit altem Kompost düngen. 5) ERNTE: ab Oktober, danach das ganze Jahr über möglich. Zuckerwurzeln sind winterhart und können nach Bedarf immer geerntet werden. 6) LAGERUNG: kühl einige Monate, am besten in Sand eingeschlagen.

Pot-au-feu

Alexandre Dumas war nicht nur der Schöpfer genialer Romane, er hat auch ein äußerst feinsinniges und ironisches kulinarisches Buch verfaßt: „Le Grand Dictionnaire de la Cuisine", das große Küchen-Wörterbuch. Darin widmet er ein ganzes Kapitel dem berühmten „Pot-au-feu". Pot-au-feu, sprich: Pot-o-fö, heißt wörtlich übersetzt „Topf auf dem Feuer", und viel mehr muß man über dieses Gericht im Grunde gar nicht wissen.

Als wir bei lieben Freunden in Brest im Westen der Bretagne eingeladen waren, wurden wir Zeugen des Pot-au-feu-Rituals, das hauptsächlich darin besteht, daß man in einen Topf mit Wasser nach und nach einige Zutaten hineinwirft: Fleisch, Gemüse, Gewürze. Danach braucht man nur noch ein paar Stunden zu warten (klassischerweise 6-7), bis die Sache fertig ist. Wir aßen zunächst das köstliche Rindfleisch mit etwas Senf, eingelegten Gurken sowie das mit grobem Meersalz bestreute Gemüse. Erst zum Schluß kamen wir zur eigentlichen Delikatesse: der Suppe.
Nun, was die Eßreihenfolge betrifft, hat es auch Alexandre Dumas nicht anders gemacht. Sein Pot-au-feu-Rezept ist aber doch um eini-

ges umfangreicher. Wobei sein entsprechendes Kapitel im „Grand Dictionnaire de la Cuisine" zunächst einmal mit einem Rundumschlag gegen alle anderen suppenkochenden Völker Europas beginnt. Bei norddeutschen Suppen zum Beispiel könne ein Franzose nur das Gesicht verziehen. Am schlimmsten aber sei es in Wien: Dort mache man, so Dumas, Suppe, indem man „zwei Hühner in einen Topf wirft, sie halb gart und danach auf einen Spieß steckt, um Brathuhn daraus zu machen." Die daraus resultierende Suppe würde halbwarm serviert, weshalb sie eigentlich wie „nicht mehr ganz frisches Wasser" schmecke. Zusammenfassend meint Dumas über die Kochkunst der Wiener: „Solcherart finden sie ein Mittel, gleichzeitig eine schlechte Suppe und einen schlechten Braten zu produzieren."
Nun, Dumas war ein großer Schriftsteller und deshalb beherrschte er auch die Kunst der Übertreibung perfekt. Das wichtigste am Pot-au-feu, meinte er, sei jedenfalls folgendes: Er müsse nicht einfach nur köcheln, sondern lächeln („faire sourire le pot-au-feu"). Am besten sieben Stunden lang, auf kleiner Flamme.
Es gibt viele Legenden um den wahren Pot-au-feu. Beruhigend dabei ist: Man kann gar

nichts falsch machen. Denn, wie eine erfahrene Pariser Köchin mir einmal anvertraute: Es gibt so viele Pot-au-feu-Rezepte, wie es in Frankreich Köchinnen und Köche gibt ...

Das ideale Fleischstück für den Pot-au-feu ist laut Alexandre Dumas die ‚pointe de culotte‘, das entspricht dem Tafelspitz. Sehr gut geeignet ist aber auch das Schulterscherzel (Kammstück, Hochrippe). Wichtig ist laut Dumas vor allem, daß man ein großes, dickes Fleischstück wählt, denn ein dünnes wird durch das Kochen allzusehr ausgelaugt. Laut Dumas sind auch zerkleinerte Rinderknochen für das Aroma der Suppe unerläßlich. Dumas weitere Zutaten ersparen wir uns aber getrost (‚Knochen von Hühnern, Kaninchen, Tauben und Rebhühnern ...‘). Als Suppengemüse empfiehlt Dumas Karotten, Rüben, Pastinaken, Sellerie und Porree, sowie Zwiebel, Knoblauch und einige Gewürznelken. Wir finden, daß auch die Zuckerwurzel in jede klare Suppe gehört! Also:

Zubereitung

Die Knochen mit heißem Wasser überbrühen. Knochen und Fleisch kalt abspülen. Beides in einen Topf legen, mit kaltem Wasser auffüllen und alles zum Kochen bringen. Salzen. Nelken, Lorbeerblatt und Muskat hinzufügen. Den entstehenden Schaum muß man nicht abschöpfen. Er trübt die Suppe nicht, sondern, ganz im Gegenteil, klärt sie! Nach etwa einer Stunde das geputzte Gemüse in die Suppe geben. Vorbereitet ist die Sache schnell ... nun muß sie nur noch auf kleiner Flamme einige Stunden lang vor sich hinköcheln oder besser: sieden. Die Wasseroberfläche darf nur leise erzittern. (Der Pot-au-feu soll lächeln, und nicht lachen!) Nach sieben Stunden erhält man eine einmalig kräftige Bouillon.

Kocht man die ganze Sache nur etwa 2-3 Stunden, schmecken hingegen Fleisch und Gemüse besser ...
Das Fleisch wird aufgeschnitten und gemeinsam mit dem Gemüse serviert. In Frankreich reicht man dazu Senf, Cornichons und grobes Meersalz.

Dumas bezeichnet auch Kohl als unerläßliche Beilage. Er empfiehlt, den Kohl zu vierteln, mit Speck in einen Topf zu legen und bei großer Flamme so lange immer wieder mit Suppe aufzugießen, bis der Kohl fertig ist.

ZUTATEN

FÜR ETWA
3 LITER SUPPE
1 1/2 kg Rindfleisch
zum Kochen
1 kg Rinderknochen
1/2 kg Karotten
1/4 kg Pastinaken
1/4 kg Kerbelrüben
(oder Navets, Mairüben)
1/4 kg Zuckerwurzeln
(oder Petersilienwurzeln)
1/4 kg Sellerie
1 Stange Porree
1 große Zwiebel
3 Knoblauchzehen
5 Gewürznelken
3 Lorbeerblätter
1 Prise Muskat
25 g grobes Meersalz
4 Liter Wasser

183

Minestrone

ITALIENISCHE GEMÜSESUPPE

Für das, was wir im Deutschen schlicht Suppe nennen, kennt man im Italienischen vier verschiedene Ausdrücke: Zuppa ist meist eine reichhaltige Suppe; Minestrina eine leichte Bouillon; Minestra eine Suppe, oft mit Teigwaren oder Reis; und Minestrone eine Suppe mit vielen Gemüsesorten. Angeblich wurde sie in Ligurien, wo es viel Gemüse gibt, erfunden. Doch auch auf den Hütten in den Bergen Venetiens und Südtirols stärkt man sich gerne damit.

Die Auswahl der Gemüsesorten hängt von der Saison ab, und deshalb gibt es kein einheitliches Rezept für Minestrone. In jedem Fall aber tragen die Wurzelgemüse aus dem Garten Eden eine ganz besondere Note zu dieser Suppe bei.

Zubereitung

Die Bohnen (große weiße oder gesprenkelte Borlotti-Bohnen) über Nacht einweichen. Einweichwasser weggießen und die Bohnen in frischem Wasser weichkochen.

Den Speck in kleine Würfel schneiden und in Olivenöl anrösten. Gemüse putzen, Zwiebel und Knoblauch klein, den Rest in mundgerechte Stücke schneiden, hinzufügen und ebenfalls kurz mitbraten. Mit Wasser löschen und auffüllen (etwa 2-3 Liter). Die Bohnen abseihen und, wie die gewaschenen und grob gehackten Kräuter, hinzufügen. Salzen. Eventuell mit einem Suppenwürfel verfeinern. Das Ganze nun etwa 45 Minuten köcheln lassen – fertig ist il minestrone. Heiß servieren. Wer will, reibt bei Tisch etwas frischen Parmesan in die Suppe.

Eine etwas deftigere Minestrone-Variante, die es nur in der Maremma (Südtoskana) gibt, heißt Aqua cotta – gekochtes Wasser. Diese Gemüsesuppe wird in einem Steinguttopf serviert, auf dessen Boden eine Scheibe Weißbrot liegt. In die heiße Suppe schlägt man ein Ei, das ganz bleiben muß. Aqua cotta wird ebenfalls mit Parmesan serviert.

SUPPENLAND

Abseits der touristischen
und kulinarischen
Trampelpfade erlebt der
Italienliebhaber immer wieder Überraschungen. Zum
Beispiel, daß Italien nicht
nur das Land der Pasta, sondern auch das Land der
Suppen ist.

ZUTATEN

FÜR 6-8 PERSONEN

Gemüse der Saison
(etwa 1 1/2 kg): z. B.
Pastinaken, Karotten,
Kerbelrüben, Sellerie,
Zuckerwurzeln, Kohl,
grüne Bohnen, Fenchel,
Tomaten, Zucchini,
Porree, Kartoffeln,
Erbsen, Zwiebeln,
Knoblauch ...
ein paar Kräuter der
Saison wie Petersilie,
Salbei, Basilikum
100 g Bohnen
Salz
100 g Speck
3 EL Olivenöl
frischer Parmesan

185

Nachwort

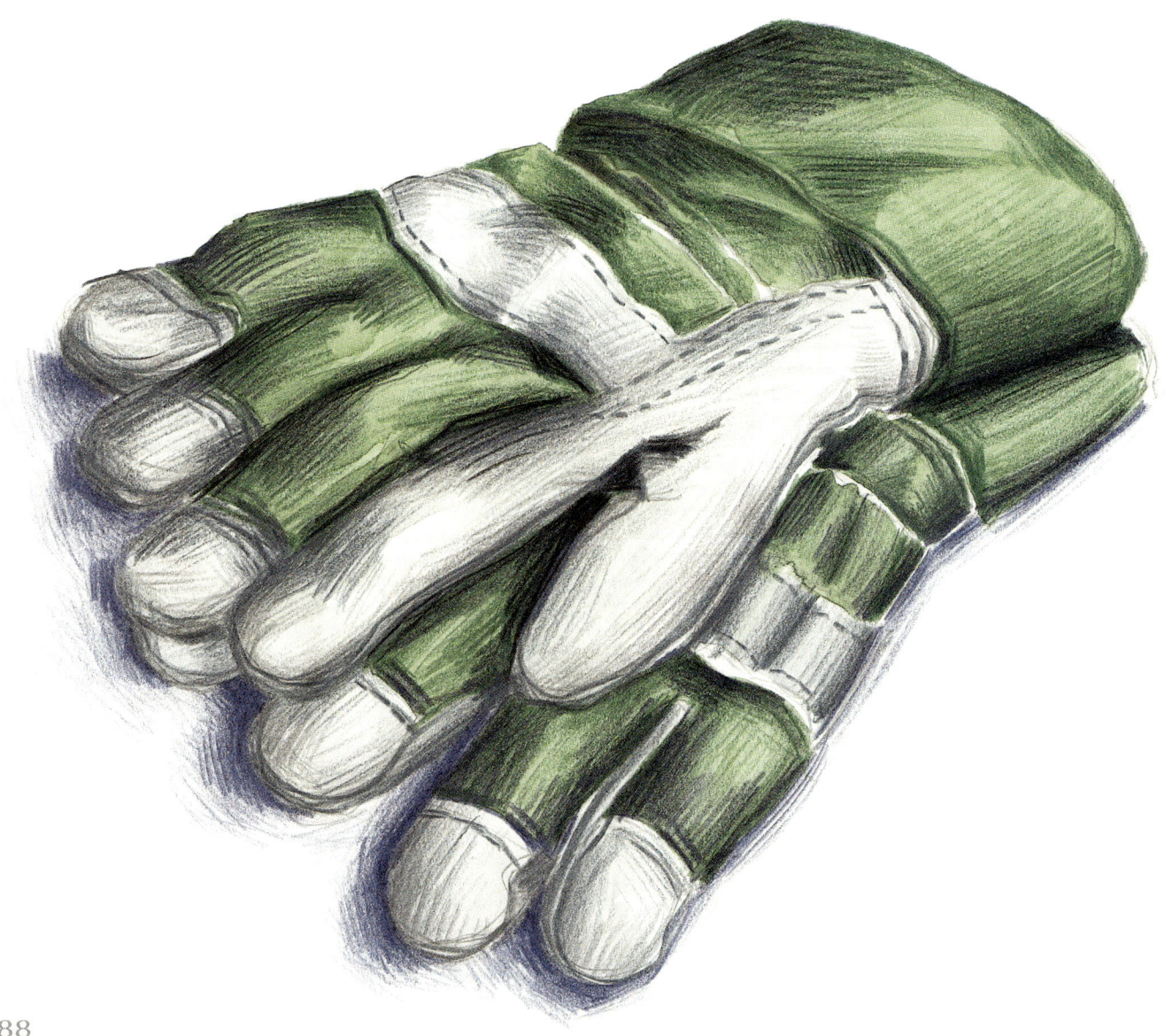

NACHWORT

Einen Garten anzulegen ist, biologisch hin oder her, immer ein Eingriff in die Natur. Jeder wird bei diesem Eingriff aber bald merken, daß die Natur stärker ist. Man kann seine Vorstellungen nicht einfach durchsetzen, sondern ist darauf angewiesen – und das ist auch eine schöne Lehre für das ganze Leben – mit der Natur zu kooperieren und seinen Gemüsegarten an die Verhältnisse der Umgebung anzupassen.

Wenn man einen Garten betreut, wird einem tagtäglich vor Augen geführt, daß man auch als Mensch ein Teil der Natur ist. Man staunt über das Wunder der Fortpflanzung, über die Kraft eines Samenkorns, das völlig neue Wesen hervorbringt – denn keine Pflanze, keine Frucht gleicht der anderen. Jede einzelne Pflanze ist ein Lebewesen für sich, mit einem eigenen Aussehen und einem eigenen Charakter.

Man lernt, geduldig zu sein, den Dingen ihren Lauf zu lassen. Wir können durch Düngung, durch Vorzucht, durch Folien, durch Jäten und Vereinzeln das Wachstum beschleunigen und verbessern. Aber wir haben keine Macht darüber. Es wächst.

Natürlich ist ein Garten mit Arbeit verbunden, aber der leidenschaftliche Gärtner (und fast jeder, der einmal begonnen hat, wird zu einem solchen) empfindet es nicht als solche. Der Gärtner ist bei jedem Wetter draußen anzutreffen; er beobachtet die Natur, er lebt mit seinen Pflanzen mit. Er verbringt seine Freizeit an der frischen Luft, und es ist also kein Wunder, daß Menschen, die sich um einen Garten kümmern, meist ausgeglichener sind als andere. Es gibt sogar eine „Gartenpsychotherapie" – die „Hortitherapie".

Pflanzen sind „ganzheitlich"

Tomaten, das wußten wir, brauchen Wärme, einen geschützten Standort, lockere Erde – all das boten wir ihnen an einer südseitig gelegenen Steinmauer. Unsere erste Ernte bestand aus etwa acht grünen Früchtchen, die wir im Oktober vor dem ersten Frost retten mußten. Damit nicht genug. Frustriert warfen wir die Pflanzen mit ein paar halb verfaulten Früchten neben den Komposthaufen – wo im Jahr darauf, mit viel weniger Sonne bei viel mehr Wind, die prächtigsten Tomaten wild heranreiften.

Barbara Frischmuth hat diese Erfahrung in ihrem schönen Buch „Fingerkraut und Feenhandschuh" auf den Punkt gebracht: „Geduld, ob freiwillige oder erzwungene, ist es, was einem der Garten von Anfang an beibringt.

Auch wenn man vielleicht nicht immer in der Stimmung ist, sich so ausdrücklich und anhaltend belehren zu lassen. Dennoch behält der Garten recht."

Das Wichtigste und eigentlich auch Schönste beim Gärtnern ist das Beobachten der Natur. Den guten (und meist auch zufriedenen) Gärtner erkennt man daran, daß er sich in die Pflanze hineindenkt: Was fehlt ihr? Was paßt ihr nicht? Was würde ihr gut tun? Es geht dabei nicht nur um Licht und Wasser und ph-Wert des Bodens. Pflanzen denken ganzheitlich! Und sie haben uns Menschen Millionen von Jahren an Erfahrung voraus.

Hilfreiches „Unkraut"

Pflanzen zeigen auch oft die Qualität des Bodens an. Wenn man seinen Gartenboden gut bearbeitet, bedeutet das nicht, daß keine „Unkräuter" mehr darauf wachsen, sondern nur: andere Unkräuter. Das Franzosenkraut zum Beispiel liebt nährstoffreiche, lockere, gut bewässerte Gartenböden. Disteln dagegen bevorzugen „schlechte" Böden. Als typische „Säurezeiger" gelten Erika und Preiselbeergewächse. Es gibt also viel zu entdecken im eigenen Gemüsegarten, und es ist wichtig, nicht nur die Gewächse zu beobachten, die man gepflanzt hat, sondern auch die, die man nicht gepflanzt hat! Davon abgesehen sind „Unkräuter" noch aus anderen Gründen wichtig: Sie können die Bodenerosion verhindern oder Nützlinge anziehen.

Wie immer im Leben: Es geht um Kampf und Liebe

Pflanzen sind Lebewesen, und wie alle Lebewesen haben sie auch Vorlieben und Abneigungen, und wie alle Lebewesen kämpfen sie auch um das Überleben. Der Zitronenbaum und der Nußbaum zum Beispiel „vergiften" ihren Unterboden regelrecht, damit ihnen keine Konkurrenten erwachsen können.

Manche Pflanzen lieben einander aber auch: Zwiebeln und Karotten zum Beispiel unterstützen sich gegenseitig. Salat und Petersilie dagegen vertragen sich ganz und gar nicht.

In jedem Gartenhandbuch (und erst recht im Gespräch mit erfahrenen Gärtnerinnen und Gärtnern) wird man viele solcher Beispiele für pflanzliche Sympathien und Antipathien finden, die von der Wissenschaft zwar bestätigt, aber nur teilweise mit „chemischen Symbiosen" erklärt werden können. Ebenso hat die Wissenschaft mittlerweile bestätigt, daß Pflanzen miteinander kommunizieren, zum Beispiel über Vermittlung von Mikroorganismen oder Pilzen. Aber nicht nur untereinander kommunizieren die Pflanzen, sondern auch mit ihrer Umwelt. Ist eine Pflanze zum Beispiel von Blattläusen befallen, dann sendet sie Stoffe aus, die die Feinde dieser Blattläuse anlocken. Pflanzen sind also den Menschen ganz ähnlich: Sie haben Freunde und Feinde, sie brauchen Nährstoffe, Wasser – und Gesellschaft.

Ein paar praktische Tips

Zunächst einmal gilt: klein beginnen! Es ist sicher besser, erst nach und nach Erfahrungen zu sammeln, anfangs zum Beispiel mit Pflanzen, die dankbar wachsen, wie etwa Zucchini, Kürbis, Mangold oder Buschbohne.

Der Boden: Kapital des Gärtners

Heinrich Metz im schönen Gmunden ist seit vielen Jahren Gartenliebhaber. Er hat uns beim Verfassen dieses Werkes fachlich beraten. Seine Erfahrungen und praktischen Kenntnisse kann man sich aus Büchern gar nicht aneignen, und eine Stunde mit ihm zu reden bringt mehr als 30 schlaue Bücher.
Der Boden ist natürlich das Wichtigste im Garten – „das Kapital des Gärtners", wie Herr Metz das nennt.
Guter Boden entsteht durch richtige Bearbeitung. Die richtige Zeit für die Bodenbearbeitung ist der Herbst. Will man ein Stück Land zum Garten machen, dann ist das Umgraben unerläßlich. (Auch Kartoffeln als „Pionierpflanzen" können helfen, einen noch nicht adaptierten Gartenboden aufzulockern.) Beim Umgraben ist einer Grabegabel der Vorzug vor einem Spaten zu geben: Denn der Spaten zerteilt nicht nur die wichtigen Regenwürmer, sondern auch andere für die Erde wertvolle Kleinlebewesen. Die Gabel gräbt mindestens ebenso gut um und schont überdies die Kleintierwelt des Gartenbodens! Wenn der Gartenboden erst einmal gut und fein ist, erübrigt sich das Umgraben meist. Hier reicht es aus, den Boden mit der Grabegabel oder einem „Sauzahn" aufzulockern.

Erde kann man durch Beimengung verschiedener Stoffe aufbessern:

- Wenn man gewöhnliche Erde mit alter Komposterde mischt, verbessert sich die Bodenqualität auf jeden Fall.
- Wenn man Sand hinzufügt, bringt das dem Boden wertvolle Minerale. Lehmige Böden können so aufgelockert werden.
- Im Gemüsegarten von Herrn Metz sieht man auch in fast allen Beeten ein paar Knoblauchpflanzen stehen – das „desinfiziert" den Boden und schützt ihn vor Schädlingen!

Dünger – das Gold des Gartens

Wir haben mit Pferdemist sehr gute Erfahrungen beim Düngen gemacht, und auch Herr Metz schwört auf verrotteten Roßmist: Der Mist wird einfach mit Erde und Wasser vermischt, danach muß man ihn einige Wochen lang „reifen" lassen. In einem Gartenhandbuch des Jahres 1883 dagegen heißt es: „Der gewöhnlichste und auch der beste Dünger, zumal für den Küchen- oder Gemüsegarten, ist der Mist des Rindviehes. Er erwärmt den Boden, ohne ihn zu erhitzen; er theilt demselben die stärkste und am längsten anhaltende Nährkraft mit, er taugt für alle Sorten von Böden, sowohl für leichte, wie auch für schwerere ..."

Ob Pferde- oder Kuhmist: Bio-Dünger ist für Boden, Pflanze und Mensch am besten!

Ein Hoch dem Hochbeet

Auch dem Anfänger kann dazu geraten werden, ein Hochbeet oder ein Hügelbeet anzulegen: Das bedeutet, einen erhöhten, meist länglichen, etwa einen Meter breiten Erdhaufen, der aus verschiedenen Schichten besteht, zu bepflanzen. Hochbeete können auch mit Fichtenstämmen oder Brettern eingefaßt werden. Ein in die Begrenzung eingearbeiteter, engmaschiger Zaun kann gegen Wühlmäuse schützen. Die Vorteile dieser ursprünglich aus China stammenden Kulturtechnik: Die Lichtverhältnisse für die Pflanzen sind optimal. Die „Hochlage" ermöglicht es, an den Seiten hängende, ausufernde Pflanzen, und in der Mitte höherwachsende Pflanzen zu kultivieren. Und: Die Arbeitsverhältnisse für den Gärtner sind deutlich besser. Das für Kreuz und Bandscheiben oft so beschwerliche Bücken entfällt weitgehend. Das Bücken, meist beim Unkrautjäten nötig, kann aber auch durch einen weiteren wichtigen Hinweis von Herrn Metz hintangehalten werden: Wenn man nämlich sein Beet regelmäßig mulcht, dann gibt es einfach kein Unkraut (oder nur ganz wenig).

Mulchen – ein Segen für Garten und Gärtner

Mulchen bedeutet, eine dünne Schicht aus Laub, Rinde oder am besten aus geschnittenem, leicht angetrocknetem Gras auf des Beet aufzubringen. Gemulcht wird von Ende April (mit dem ersten Grasschnitt) bis Ende August.

Mulchen:

- unterdrückt Unkraut
- reguliert Wärme und Feuchtigkeit
- schützt dadurch die Kleinlebewesen und beschleunigt die Humusbildung
- schützt den Boden vor Erosion

Profi-Gärtnereien mulchen fast immer, und es ist verwunderlich, warum diese so einfache und arbeitssparende Technik nicht auch in allen Hausgärten angewendet wird! Denn das Leben des Gartenbodens findet vor allem in den obersten fünf Zentimetern der Bodenschicht statt – in dieser Schicht finden sich auf einem Quadratmeter Gartenboden viele Milliarden von Kleinstlebewesen, die wertvolle Arbeit leisten. Das Mulchen verhindert, daß diese kostbare Erde ausgelaugt wird.

Auch Gärtnerin und Gärtner genießen entscheidende Vorteile: Sie müssen weniger Unkraut jäten, weniger gießen und weniger düngen. Im Herbst wird die Grasschicht einfach in den Boden eingearbeitet – und verbessert diesen noch zusätzlich.

Mischkulturen

Eine gewisse Abwechslung ist nicht nur für die Menschen, sondern auch für den Boden wichtig. Das heißt, daß man darauf achten sollte, was man im letzten Jahr wo angepflanzt hat. Bis auf zum Beispiel Tomaten, die ruhig jedes Jahr am selben Platz stehen können, ist es für den Boden besser, wenn etwa nach Bohnen in einem Jahr im nächsten Jahr Zwiebeln, oder nach Zwiebeln Pastinaken gepflanzt werden. Jede Pflanze bewirkt andere Reaktionen im Boden. Hier erkundigt man sich am besten bei erfahrenen Gärtnern, welche Fruchtfolgen für den Boden und für eine gute Ernte am besten geeignet sind.

Ein Anbauplan, im Winter vom ungeduldig wartenden Gärtner längst zu Papier gebracht, leistet auf jeden Fall wertvolle Dienste – auch, wenn man sich dann im Überschwang des Frühlings oft nicht daran hält.

Gärtnern in der Stadt

Es ist gar nicht so schwer, auch in der Stadt sein eigenes Gemüse, seine eigenen Kräuter und seinen eigenen Salat zu ernten. Die Mindestanforderung ist freilich ein Balkon: Denn Pflanzen brauchen Luft und Licht. In Kübeln, Töpfen und Balkonkistchen kann man fast alle Kräuter, Salate und manche Gemüsesorten (etwa Buschbohnen, Mangold, Tomaten) sehr gut pflanzen. Der Vorteil: Mit „mobilen Pflanzen" in Kübeln an geschützten Plätzen spielt die Witterung keine so große Rolle mehr.

Geeignet sind sowohl Ton- als auch Plastiktöpfe, die billiger, leichter, dafür aber optisch nicht so ansprechend sind. Man füllt die Kistchen oder Töpfe am besten bis zur Hälfte mit Sand – das spart erstens teure Gartenerde und zweitens schützt der schwere Sand bei Wind den Topf vor dem Umstürzen. Als Erde eignet sich gute Gartenerde oder Komposterde. Dann kann auch das Düngen meist entfallen, denn es wird nicht immer ganz leicht sein, in der Stadt eine Fuhre Mist aufzutreiben ...

Vom richtigen Zeitpunkt

Gärtnern ist gut für die Nerven. Doch auch ein anderer gesundheitlicher Aspekt des Gärtnerns darf nicht übersehen werden: Man verfügt, wenn man vorsorglich arbeitet, das ganze Jahr über frisches Gemüse und frischen Salat. Wenn man weiß, wie in der industriellen Produktion Gemüse behandelt wird (Insektizide, Herbizide, Pestizide, Kunstdünger), dann wird einem klar, wieviel das wert ist. Wenn man außerdem weiß, daß zum Beispiel Salat eine Stunde nach der Ernte nur noch 50 % seiner Vitamine enthält, und daß ein durchschnittlicher Supermarktsalat 2-3 Tage lang unterwegs ist, macht der eigene Gemüsegarten gleich noch mehr Freude.

Auch der Nitratgehalt des Gemüses von den überdüngten Industriefeldern ist bedenklich. Nitrat kann durch körperliche Reaktionen zu Nitrit und zu gefährlichem Nitrosamin werden. Deshalb ist auch im eigenen Garten darauf zu achten, nicht zuviel zu düngen! Alle Untersuchungen haben bisher aber ergeben, daß chemiefrei gewachsenes Gemüse erstens erheblich weniger Nitrate, und zweitens erheblich mehr Vitamine und Spurenelemente enthält.

Auch der richtige Erntezeitpunkt spielt eine wichtige Rolle beim Nitratgehalt. Nitrat wird von der Pflanze unter Lichteinwirkung umgewandelt und unschädlich gemacht. Das heißt, je mehr Licht, desto weniger Nitrat. Dies bedeutet, daß im Winter zum Beispiel Glashaussalate gemieden werden sollten. Diese wachsen oft in Nährlösungen, bekommen wenig oder kein Sonnenlicht ab und sind nicht unbedingt als „gesund" einzustufen. Da hatten unsere Vorfahren einen besseren Instinkt als wir, die wir glauben, alles müsse immer verfügbar sein und alles sei zu jeder Zeit bekömmlich. Ein Beispiel, das Heinrich Metz anführt: Rote Rüben (Rote Bete). Sie werden erst durch das Einlagern (am besten in Sand, wie es früher üblich war) zu dem gesunden Gemüse, das wir kennen. Rote Rüben sollten gar nicht erntefrisch genossen werden: Auch sie enthalten relativ viel Nitrat. Durch das Einlagern wird dieses Nitrat in Vitamin C umgewandelt! Es reicht also in den meisten Fällen, sich an die in Jahrhunderten gewachsenen Tradi-tionen zu halten – und dem eigenen Gefühl zu vertrauen.

Sonne und Mond

Doch auch im „Kleinen" kann man auf den richtigen Erntezeitpunkt warten. Bei Blattgemüse ist der Nitratgehalt in der Früh am höchsten. Durch die Lichteinwirkung sinkt er. Es ist also empfehlenswert, zum Beispiel Salat untertags oder am Abend zu ernten.

A propos „vom richtigen Zeitpunkt": Der Mond, meint auch Herr Metz mit seiner langjährigen Erfahrung, habe sicher einen Einfluß auf das Pflanzenwachstum. Aber dieser Einfluß werde heute vielfach überschätzt. Wichtiger als der Mond sei immer noch die Sonne – sowie das Wasser und die Erde.

Das Schöne und das Nützliche ...

Ein Gemüsegarten ist nicht nur ein sogenannter „Nutzgarten" (ein häßliches Wort): Ein Gemüsegarten kann die reinste Zierde sein.
In der Tradition der französischen „potagers" achtet man beim Anbau auch auf die optische Harmonie der Pflanzen. Spaliere, zum Beispiel aus Stangenbohnen, wechseln sich mit runden und eckigen Beetformen ab, und ein paar Blumen dazwischen dürfen nicht fehlen. (Diese erfüllen oft auch den Zweck der Insektenabwehr.)

Auch den Balkon in der Stadt kann man statt mit Blumen mit Gemüse verzieren – denn niemand wird bestreiten können, daß zum Beispiel Kohl, Rotstieliger Mangold oder Tomatenstauden attraktive Pflanzen sind. Mit dem Anbau von Gemüse kann jeder seine eigene kleine Welt verschönern und gleichzeitig mithelfen, die Vielfalt der Pflanzen und des Saatguts auch für die nächsten Generationen zu sichern.

WIR DANKEN

... allen unseren Freunden und Verwandten
für viele gemeinsam verkochte Stunden

Heinrich Metz,
der mehr weiß als 30 Gartenbücher

Harald Hellwig,
der mehr gemacht hat als nur seinen Job

Michael Oberforster,
der uns viele wichtige Hinweise gab

dem „Wallnbauern" und den
„Kübelgraben-Schwestern" Frieda & Rosa in der Gosau,
die für eine ruhige Zeit während
der Arbeiten an den Illustrationen gesorgt haben

übrigens aber natürlich auch ganz einfach
dem Lektor Bernhard Emerschitz,
der viele Füllwörter gestrichen hat

Bernd Dietrich von der Firma Syringa,
der wertvolle fachliche Hinweise beisteuerte

einem namentlich unbekannten Gärtner der Firma Austrosaat
für Auskünfte über das Kärntner-Steirische Gebirgskraut

dem Team der „Arche Noah" in Schiltern (Niederösterreich)
für seine Arbeit und für seinen schönen Schaugarten

PFLANZEN & REZEPTE

REZEPTE

LITERATUR

VERZEICHNIS DER VERWENDETEN LITERATUR

Ashworth, Suzanne:
Saatgutgewinnung im Hausgarten
Krems an der Donau 1993

Becker-Dillingen, Josef:
Handbuch des gesamten Gemüsebaus,
Berlin-Hamburg 1950

Biggs, Matthew:
Gemüse, Erlangen o.J.

Boni, Ada:
Il Talismano della felicità, Roma 1993

Bowring, Jane/Price, Jane (Hg.):
Das große Buch der asiatischen Küche, Köln 1998

Buishand, Tjerk:
Knaurs großes Gemüsebuch, München-Zürich 1978

Bunzel, Susanne (Hg.):
La cucina casalinga, München 1995

Buser, Marianna:
Kochen mit Wurzelgemüse, Küttingen/Aarau 1997

Clevely, Andi/Richmond, Katherine:
DuMont's großes Kräuterbuch, Köln 1995

Dominé, André (Hg.):
Culinaria Naturkost, Bd. I und II, Köln 1996

Dumas, Alexandre:
Le Grand Dictionnaire de la Cuisine, Paris 1873

Dumont, Cédric:
Kulinarisches Lexikon, Bern und Stuttgart 1997

Elliot, Rose:
Vegetarische Küche, Remseck bei Stuttgart 1992

Fischer, Eva und Valentin:
Gesundes aus dem eigenen Garten
München/Wien 1998

Francesconi, Jeanne Carola:
La Cucina Napoletana, Napoli 1978

Frischmuth, Barbara:
Fingerkraut und Feenhandschuh, Berlin 1999

Ingram, Christine:
Das Gemüsebuch, Köln 1998

Kabelitz, Ralf:
Cuisine du jardin, Aarau 1994

Kreuter, Marie-Luise:
Der Biogarten, München 1994

Kreuter, Marie-Luise:
Kräuter & Gewürze aus dem eigenen Garten
München/Wien/Zürich 1996

Lang, Rainer-Michael:
Feine und seltene Gemüse, Stuttgart 1986

Lucas, Eduard (Hg.):
Christ's Gartenbuch für Bürger und Landmann,
Stuttgart 1883

Maier-Bruck, Franz:
Das große Sacher-Kochbuch, Herrsching 1975

LITERATUR

Meuth, Martina/Neuner-Duttenhofer, Bernd:
Das Kochbuch, München 1997

Meuth, Martina/Neuner-Duttenhofer, Bernd:
Provence, München 1990

Meuth, Martina/Neuner-Duttenhofer, Bernd:
Venetien und Friaul, München 1991

Müller, Ekkehard:
100 Gemüsespezialitäten für Garten und Küche,
Graz/Stuttgart 1998

Müller, Kristiane:
Vegetarische Schnellgerichte, Augsburg 1997

Nagl, Andrea:
Türkisch Kochen, Weyarn 1999

Neuner, Fred/Haager, Michaela:
Die Magie der Küche, Scharnstein/Wien 1998

Nohel, Christian/Payer, Harald/Rutzler, Hanni:
Lebensmittelreport, Wien 1999

Obermayr, Helmut:
Schmankerln aus dem Gemüsegarten, Linz 1995

Panati, Charles:
Universalgeschichte der ganz gewöhnlichen
Dinge, Frankfurt am Main 1994

Ploberger, Karl:
Mein Gartenparadies, Linz 1995

Pollmer, Udo:
Prost Mahlzeit! Krank durch gesunde
Ernährung, Köln 1994

Redden, Gabriele:
Vergessene Gemüse, München 1996

Rettigová, Magdaléna Dobromila:
Altböhmische Kochkunst, Wien 1988

Rias-Bücher, Barbara:
Kräuter, München 1997

Root, Waverley:
Wachtel, Trüffel, Schokolade, Berlin 1996

Schneebeli-Morrell, Deborah:
Patterson, Debbie/Evelegh, Tessa:
Zauberhafte Kürbislampen, Augsburg 1997

Scotto, Elisabeth:
Kürbis, Löwenzahn, Kardonen, München 1997

Siegmund, Ferdinand:
Omas Lexikon der Kräuter- und Heilpflanzen,
Augsburg 1997

Stein, Siegfried:
Gemüse, München/Wien/Zürich 1995

Vollenweider, Alice:
Italiens Provinzen und ihre Küche, Berlin 1990